Widmung

Dieses Büchlein ist drei wichtigen Menschen meines Lebens gewidmet, die mit der Germanischen Heilkunde und der biologisch empfundenen Musik in besonderem Zusammenhang stehen:

Meinem Studentenmädchen, Dr. med. Sigrid Hamer, geb. Oldenburg, denn das Lied „Mein Studentenmädchen“ hat zum ersten Mal alle Bedingungen der 5 Biologischen Naturgesetze® eines Sinnvollen Biologischen Sonderprogramms® und gleichzeitig einer Archaischen Melodie® erfüllt. Dadurch wurden die Hypothesen der Archaischen Melodien® zur Gesetzmäßigkeit.
Sie war auch die erste, die die Richtigkeit der Germanischen Heilkunde erkannt hatte.

Meinem Sohn Dirk, dem wir trotz seines frühen Todes die größte Entdeckung der Menschheitsgeschichte verdanken, die Germanische Neue Medizin® bzw. Germanische Heilkunde.

Meiner Freundin, Prof. Dr. Giovanna Conti, der begnadeten Entdeckerin des zweiten Biologischen Naturgesetzes in den Kompositionen der Großen Meister, die dabei ist, auch die Kriterien der restlichen vier Biologischen Naturgesetze in der Musik zu finden. Das Ganze nannte sie eine biologisch verstandene Musik auf dem Boden der Germanischen Neuen Medizin® (Germanischen Heilkunde).
Das Ganze nennen wir am einfachsten Archaische Melodien®, die den Sinnvollen Biologischen Sonderprogrammen® in der Germanischen Neuen Medizin® (Germanischen Heilkunde) entsprechen.

Die Archaischen Melodien®

Die Musik mit dem Verständnis der Germanischen Heilkunde

Dr. med. Mag. theol. Ryke Geerd Hamer

Amici di Dirk®
Ediciones de la Nueva Medicina S.L.

„Die Archaischen Melodien", Dr. med. Mag. theol. Ryke Geerd Hamer
Februar 2012

ISBN: 978-84-96127-55-5
Depósito legal: M. 4456-2012
Druckerei: Imprenta Fareso S.A.

Amici di Dirk® online shop: www.amici-di-dirk.com
Verlag: Amici di Dirk® – Ediciones de la Nueva Medicina S.L.
E-Mail: info@amici-di-dirk.com
Tel.: 0034 952 59 59 10; Fax: 0034 952 49 16 97

Inhaltsverzeichnis

Vorwort

Die Germanische Neue Medizin® (Germanische Heilkunde) hat seit 2006 eine Schwester bekommen, genauer gesagt, eine musische Schwester, nämlich die Musik. Übrigens hat sie danach gleich noch mehrere musische Schwestern bekommen, nämlich die Poesie, die Malerei, den Tanz, die Bildhauerei ... etc.

Als ich vor 30 Jahren die Germanische Heilkunde entdeckte, ahnte damals niemand, daß der „amorphe Brei" von (5000) unbewiesenen und unbeweisbaren Hypothesen – die sog. Schulmedizin – mal sang- und klanglos verschwinden und einer strengen Naturwissenschaft, ohne eine einzige Hypothese, Platz machen müßte – nämlich der Germanischen Heilkunde.

Eine Naturwissenschaft wurde sie auf einen Schlag, als ich 1981 den Schlüssel der gesamten Medizin fand, den „Stein der Weisen" in der Medizin. Die Menschheit hätte seit 30 Jahren mit der **größten Entdeckung der Menschheitsgeschichte** glücklich leben können, so wie auch alle Patienten, die einer gewissen Religionsgemeinschaft angehören und mit 99%iger Sicherheit ihren Krebs überleben dürfen. Aber die Germanische wurde in der größten Erkenntnisunterdrückung der Menschheitsgeschichte aus religiösem Wahn boykottiert.

Aber auch das hätte sich niemand vorstellen können: Vor fünf Jahren (2006) wurde von Dr. Giovanna Conti die größte Musik-Entdeckung der letzten 200 Jahre gemacht. Auch hier hätte sich vorher niemand vorstellen können, daß aus der Musik einmal eine Naturwissenschaft werden könnte, denn Musik, Philosophie, Religion etc. galten als das klassische Gegenteil von Naturwissenschaft. Und jetzt ist die Musik, die Lieblingsmuse des Gottes Apollon, mit einem Schlag, mindestens in großen Teilen, zu einer reproduzierbaren Naturwissenschaft geworden.

Aber so, wie die Germanische Heilkunde von den religiösen Gegnern nur für sich selbst angewandt wird (werden darf), für alle anderen aber mit Boykott belegt ist, so trifft das seit fünf Jahren auch auf die Archaischen Melodien® zu.

Natürlich sterben durch diesen Boykott nicht täglich Hunderttausende wie durch den Boykott der Germanischen Heilkunde, aber es ist ebenfalls ein Wissenschafts-Skandal ohnegleichen. Es zeigt den ganzen Haß und die Arroganz dieser Religionsgemeinschaft, daß niemand außer ihnen eine fundamentale Entdeckung gemacht haben darf. Natürlich wird man diese Entdeckung ebenfalls totschweigen, aber für sich selbst vereinnahmen, so, wie man auch die Germanische Heilkunde seit 30 Jahren exklusiv bei den eigenen Patienten anwendet, mit 99% Erfolg, wie die Israelische Botschaft veröffentlicht hat.

Und so ist diese gewaltige Entdeckung von Dr. Giovanna Conti, genauso wie die Entdeckung der Germanischen Heilkunde, sofort ein factum politicum geworden. Und ich hätte Giovanna so sehr gegönnt, daß sie auch die Früchte ihrer wunderbaren Entdeckung hätte ernten dürfen, samt der gebührenden Ehrung durch ihre Musik-Professoren-Kollegen.

Leider hat nicht jeder das Durchstehvermögen (über 30 Jahre) wie ich, vor allem, wenn man unter massivem Druck (z. B. im Gefängnis in Frankreich) immer wieder aufgefordert wird zu unterschreiben, keine Germanische mehr zu machen, ja nicht einmal mehr darüber zu sprechen, sondern sie statt dessen an die Rabbiner abtreten soll.

Glücklicherweise hat Giovanna meinen Rat befolgt und ein Buch (in Italienisch und Englisch) geschrieben. Sonst wäre es ihr vielleicht wie dem österreichischen Mathematik- und Physik-Professor Hasenöhrl ergangen, der seltsamerweise (statt als Offizier) als einfacher Soldat 1914 in den Krieg eingezogen wurde und gleich in den ersten Kriegstagen von hinten erschossen wurde. (Ein Schuft, der sich Böses dabei denkt). Seine sämtlichen Publikationen über $e = mc^2$ wurden sofort nach seinem Tod (Mord?) wie von Geisterhand entsorgt. So hat der Mathematik-Analphabet Einstein (so sagt man) die Formel $e = mc^2$ nochmal ganz neu „entdecken" können?

Ich habe versucht, Giovanna zu trösten und ihr gesagt: „Die Germanische hat man 30 Jahre nicht stehlen können, obwohl ich dreimal hin und zurück durch die Hölle gegangen bin. Aber dadurch, daß die Archaischen Melodien® so eng mit der Germanischen verbunden sind, kann man Dir Deine Entdeckung erst recht nicht stehlen". Natürlich war das kein großer Trost für sie, wenn der Boykott (wie bei mir) lebenslang währen kann.

Wie dem auch sei, meine Freunde, wir wollen uns die Freude an der großartigen Entdeckung von Dr. Giovanna Conti nicht nehmen lassen. Alle, die wir nun dieses Büchlein kennen, können „mit ganz anderen Ohren" die Meisterwerke unserer großen Komponisten anhören und würdigen.

Noch etwas Wichtiges: Früher gab es ja kein handfestes Kriterium, wie man zwischen wirklicher Musikkunst und rhythmischem Krach unterscheiden konnte. Jetzt haben wir die Möglichkeit, ein sehr sicheres, sogar naturwissenschaftliches Kriterium, ein wirkliches Ur-Eigenwerk eines Komponisten zu erkennen. Und schließlich, das prophezeie ich Euch, werden wir wieder lernen, Lieder zu schreiben, zu komponieren und – zu singen. Aber so etwas kann man nicht vorsätzlich machen, sondern, wenn wir „ein Lied aus dem Herzen“ geschrieben und vertont haben, merken wir erst nachträglich, welchen unserer (gelösten) Biologischen Konflikte wir da beschrieben haben.

Vielleicht kommen wir dann, wie in der Musik, auch wieder zu der Wertung, daß nicht der unverbindliche Sex mit 50 Pillenfrauen das non plus ultra ist, sondern, daß die Zärtlichkeit und Innigkeit eines Studentenmädchens und Mutter seiner Kinder ein viel höheres Ziel ist. Erst das macht wirklich menschlich frei „zueinander“ im Sinne einer Germanischen Heilkunde und ihrer Archaischen Melodien.

P. S.
Ein 68jähriger holländischer Komponist, der sehr viele Jahre Dirigent eines großen Jugendchors und Jugendorchesters war, wurde auf die sanfte, aber unmißverständliche Art mit 65 Jahren in den Ruhestand geschickt (obwohl er sich natürlich für unersetzlich hielt). Als er nach einem Jahr mit großem Abschiedskonzert seinen Seelenfrieden zurückgewann und als Zeichen der Lösung seines Reviermarkierungs-Konfliktes eine starke halbseitige Blasenblutung erlitt (die er für Krankheit hielt und „auskratzen“ ließ), kam er zu mir, denn man wollte ihm jetzt, nach einem „Heilungsrezidiv“, die ganze Blase entfernen und eine Kunstblase aus Darm einsetzen.
Ich klärte ihn nach der Germanischen auf, so daß er schließlich beruhigt wieder nach Hause fahren konnte.

Da fragte ich ihn, ob er jetzt nicht seinen gelösten Reviermarkierungs-Konflikt als Komposition vertonen oder evtl. sogar noch einen Liedtext dazu schreiben könnte?
Da schaute mich der Komponist entgeistert an und sagte: Nein, das kann ich nicht.

Nun, vielleicht schreibt er ja später einmal eine Instrumental-Komposition und stellt dann fest: Ach, das ist ja die Archaische Melodie® zu meinem Blasen-Ulcus samt Blasenblutung in der Heilungsphase!

Einleitung

Man wird später sagen: **Die Germanische Heilkunde ist die Mutter aller Naturwissenschaften**. Aber inzwischen könnte man genauso sagen: **Die Musik ist die Mutter aller Naturwissenschaften**.
Denn **die Archaischen Melodien® und die Sinnvollen Biologischen Sonderprogramme® entsprechen sich wie ein Schuh dem anderen.**

Das hatten wir uns, wie gesagt, bis vor 30 Jahren noch nicht träumen lassen, daß anstatt der Schülermedizin mit ihren 5000 Hypothesen einmal eine echte Naturwissenschaft entstehen könnte, ja sogar die Mutter aller Naturwissenschaften.

Und bis vor fünf Jahren, bis zur Entdeckung der Zweiphasigkeit in den Kompositionen unserer großen Komponisten, durch die aufregende Entdeckung der begnadeten, jungen italienischen Pianistin Prof. Dr. Giovanna Conti, hatten wir uns, wie gesagt, auch nicht vorstellen können, daß die von uns gefühlsmäßig so geliebte Musik einmal eine echte Naturwissenschaft werden könnte.

Noch mehr: Die Germanische Heilkunde mit ihren 5 Biologischen Naturgesetzen® und die Musik samt aller musischen Fächer (Tanz, Poesie, Architektur, Malerei etc.), für die alle die 5 Biologischen Naturgesetze® in analoger Weise Anwendung finden, haben die meisten willkürlich konstruierten Religionen („Offenbarungsreligionen" wie Judentum, Christentum, Islam etc.) ad absurdum geführt. Denn die stimmen mit den biologischen Realitäten nicht überein. Bleibt nur noch die altgermanische Weltanschauung – deshalb Germanische Heilkunde – bei der man nichts zu glauben braucht.

Wie richtig diese altgermanisch-altgriechische, altindische etc. Weltanschauung war und ist, sehen wir an den Musen, bzw. den musischen Fächern, speziell der Musik bzw. den Archaischen Melodien® unserer alten Meister-Komponisten.

Die alten grauenhaft dogmatischen „gutartig-bösartig"-Religionen, die so unendlich viele Religionskriege und so unendliches Leid und Elend über die Menschheit gebracht haben, sind ad absurdum geführt. Sie waren einfach nur Paranoia.

Wir brauchen nicht an Thor, Freya, Baldur, Apollon oder Odin zu glauben. Es waren personifizierte Weltanschauungsprinzipien. Die konnte oder kann man für richtig halten oder nicht, aber glauben braucht man sie nicht und Religionskriege dafür oder dagegen sind unsinnig.

Jetzt endlich ist die Tür wieder geöffnet für eine Weltanschauung der Germanischen Heilkunde, der Archaischen Melodien® etc.
Es kann und wird, so hoffe ich für uns alle eine sehr glückliche Zeit werden, ein vollständiger Paradigmenwechsel.

Die Geschichte der Entstehung der Archaischen Melodien®

2008 veröffentlichte Prof. Dr. Giovanna Conti ihr italienisches Buch „Per una Musica biologicamente sensata nell'ottica della Nuova Medicina Germanica®", dazu schrieb ich folgendes Vorwort:

Ganz selten gibt es Quantensprünge in der Wissenschaft. Um einen solchen handelt es sich in diesem Buch der jungen Pianistin Prof. Dr. Giovanna Conti aus Parma/Italien.

Bisher hatten wir auf unseren Universitäten gelernt, streng zu unterscheiden zwischen Naturwissenschaften – die man im streng logischen Sinne beweisen kann – und Geisteswissenschaften – die man nicht beweisen, sondern die man nur glauben oder über die man nur mehr oder weniger kluge Reden führen kann. Zu letzteren gehörten: Philosophie, Theologie, Medizin, Archäologie, Sprachwissenschaften, Pädagogik und ... Musik.

Seit 26 Jahren gibt es nun die Germanische Neue Medizin® (kurz GERMANISCHE), die für normale Menschen mit allen Kräften von den „Herrschenden" verhindert wird. Diese GERMANISCHE hat keine einzige Hypothese, erfüllt also alle Kriterien einer exakten Naturwissenschaft.
Es ist das erste Mal in der Wissenschaftsgeschichte, daß die Medizin, die bisher 5000 Hypothesen hatte (die Theologie hat nur 100, die Philosophie ebenso viele), daß also die Medizin durch die GERMANISCHE erstmalig zu einer reproduzierbaren Naturwissenschaft geworden ist.

Und nun ist etwas schier Unfaßbares passiert:
Die Geisteswissenschaft Musik, die, abgesehen von der physikalischen Basis der Frequenzen der einzelnen Töne (in der Physik genannt „Akustik"), unendlich viele Hypothesen hatte, wie alle sog. Geisteswissenschaften,

daß diese Geisteswissenschaft Musik zusammen mit der GERMANISCHEN, die die Medizin überhaupt erst zur Naturwissenschaft gemacht hat, plötzlich ganz eng miteinander verzahnt sind, indem die Musik jetzt die 5 Biologischen Naturgesetze® der Germanischen Neuen Medizin enthält! Eine Geisteswissenschaft, also die Musik, die fünf eisenharte Biologische Naturgesetze enthält – das war bisher schier unvorstellbar!

Dies herausgefunden zu haben ist das Verdienst der jungen italienischen Pianistin Prof. Dr. Giovanna Conti aus Parma in Oberitalien.
Sie war selbst erkrankt an einem Biologischen Konflikt, einem sog. Collum-Ca (Gebärmutterhals-Ulceration in der pcl-Phase = Wiederaufbauphase), und man wollte sie zum zweiten Mal operieren (sog. Konisation), danach war geplant, alles herauszunehmen (sog. Wertheim-OP) und ihr dann Chemo zu geben. Da lernte sie die GERMANISCHE kennen und sogar richtig verstehen. Sie kniete sich voll in diese Art zu denken hinein und .... von Krankheit war keine Rede mehr ... und sie entdeckte, daß die allermeisten klassischen Musikstücke nach eben diesen 5 Biologischen Naturgesetzen® der GERMANISCHEN verlaufen. Sie war und ist auch, zumal als selbst Betroffene, die derzeit einzige Musikerin, die die Germanische verstanden hatte. Und deshalb konnte nur sie diese gewaltige Entdeckung machen.

Im Grunde sind z. B. die einzelnen Sätze einer Symphonie, jeder einzelne ein Sinnvolles Biologisches Sonderprogramm®, wie wir es nennen, also ein Biologisches Konflikterlebnis aus dem Leben des Komponisten, das er uns mit Tönen statt mit Worten schildert. Damit bekommt nun nicht nur die Musik eine atemberaubende neue Dimension, sondern die 5 Biologischen Naturgesetze® der GERMANISCHEN sind, wie wir fasziniert erkennen, in der Musik wiederzufinden, natürlich wahrscheinlich auch in sehr vielen anderen Bereichen: Malerei, Bildhauerei, Tanz, Poesie, kurz in allen musischen Disziplinen.
Die Grenzen oder Barrieren zwischen den musischen Künsten und der strengen Naturwissenschaft der GERMANISCHEN, mit ihren 5 Biologischen Naturgesetzen®, sind gefallen! Wie gesagt, eine geradezu kosmische neue Dimension tut sich vor uns auf. Wir können jetzt die Musik auf naturwissenschaftliche Weise „verstehen“. Wenn wir noch die Biographie des Komponisten kennen, können wir sogar klanglich-musikalisch verstehen, welches Biologische Konflikterlebnis – sprich abgelaufenes Sinnvolles Biologisches Sonderprogramm der Natur® (deren beide Phasen wir früher in Unkenntnis als eigenständige Krankheiten fehlinterpretiert hatten) – der Komponist uns aus seinem Leben musikalisch zum Ausdruck gebracht hat bzw. bringen wollte.

Es ist m. W. das erste Mal in der Wissenschaftsgeschichte, daß sich Geisteswissenschaft und Naturwissenschaft so augenscheinlich gesetzmäßig verbinden.
Das entdeckt zu haben verdanken wir unserer jungen italienischen Pianistin, Frau Prof. Dr. Giovanna Conti, die wir

schon jetzt scherzhaft „Giovanna nazionale" nennen. Sie hat einfach nur mit dem Charme und dem Enthusiasmus der Jugend das Glück des Tüchtigen gehabt und eine so fundamentale Entdeckung gemacht, daß die Musiker, speziell die italienischen, sie dereinst wie eine Heilige verehren werden.

Dr. Ryke Geerd Hamer

P. S. 18.08.2008

Inzwischen breitet sich die bahnbrechende Entdeckung von Frau Prof. Dr. Giovanna Conti unter der Oberfläche mit der Rasanz einer Springflut aus: Wenn jede archaische Melodie (= Melodie mit Zweiphasigkeit) ein SBS (= Sinnvolles Biologisches Sonderprogramm der Natur®) hat, dann hat auch jedes SBS eine archaische Melodie.

Beispiel:
Es gibt unendlich viele Menschen mit erhöhtem Blutdruck, deren Wasserkonflikt nicht lösbar ist, weil sie ihn „nicht aus dem Kopf" kriegen, z. B. ein jetzt 58 jähriger Oberst mußte mehrfach miterleben, wie bei Manövern Panzer seiner Division in einen Fluß stürzten und seine darin befindlichen Soldaten elendiglich ertranken.
Nun, der Konflikt (lokale Nekrose der Niere, RR 220/120) ist nur theoretisch „geistig" zu lösen, in Wirklichkeit nicht mehr. Aber wenn wir die „Wassermelodie", und zwar seine ganz spezifische Wassermelodie herausfinden könnten, dann könnten wir den Konflikt vielleicht biologisch lösen, so wie wir heute einen Flüchtlings-Konflikt biologisch lösen können, wenn wir Patienten in einem Schwimmbecken in 0,9%iger (sog. physiologischer) Kochsalzlösung schwimmen lassen, wo der Organismus sich wieder „wie zu Hause im 0,9%igen Urmeer" empfindet, und zwar am Verstand vorbei.
Und das, was für die Wasser-Melodien gilt, gilt, mutatis mutandis, auch für alle anderen real nicht lösbaren Konflikte.
Eine ungeahnte Perspektive tut sich vor uns auf. Alle belebten Wesen unseres Kosmos haben beim SBS ihre archaische Melodie und jede Melodie hat ihr SBS, natürlich auch ihren Biologischen Konflikt mit Konfliktverlauf innerhalb des SBS. Der ganze Kosmos klingt – nach den 5 Biologischen Naturgesetzen® der Germanischen Neuen Medizin®. Das Gleiche würde wohl gelten für einen „Seh- und einen Riechkonflikt", beide analog der archaischen Melodie nach dem 2. Biologischen Naturgesetz. Davorstehen und ehrfürchtig staunen vor der wunderbaren Meisterin Mutter Natur ist alles, was uns kleinen Zauberlehrlingen bleibt.
Und schon bald, so hoffe ich, werden Patienten, Musiker und Ärzte die Sphärenklänge des Kosmos, sprich die Archaischen Melodien®, hören und auch voller Freude verstehen können, und zwar naturwissenschaftlich-musikalisch!

Und so verlief die größte Entdeckung der theoretischen Musikgeschichte der letzten 200 Jahre:

Im Jahr 2006 kam Prof. Dr. Giovanna Conti zu mir nach Spanien und fragte mich um Rat.
Sie war, gerade 31 Jahre alt, an einem sog. Gebärmutterhals-„Krebs“ erkrankt – in Wirklichkeit war es nur eine Ulceration, also gerade das Gegenteil von Krebs. Sie kannte zwar bereits mein ital. Buch „Testamento per una Nuova Medicina Germanica“, aber die Ärzte hatten ihr nach einer vorgesehenen zweiten Konisation schon eine Totaloperation vorgeschlagen.
Natürlich sagte ich ihr, daß das alles Unsinn sei, und so fuhr sie beruhigt wieder zurück nach Italien.
Danach stürzte sie sich voll in die Germanische und – sie fand eine Sensation!

Sie kam schon vier Wochen nach dem 1. Besuch wieder zu mir nach Spanien und berichtete mir von ihrer Entdeckung, daß sie in 97 % der Kompositionen der großen Meister-Komponisten die „Zweiphasigkeit“ entdeckt habe. Sie meinte, das sei vielleicht der „Goldene Schnitt“.

Sie fand heraus, daß fast alle Werke unserer großen Musikkomponisten nach dem Schema des 2. Biologischen Naturgesetzes, also zweiphasig, geschrieben waren.

Ich fragte sofort, ob denn die Zweiphasigkeit auch die epileptoide Krise enthalte. Als sie das bejahte, war ich elektrisiert. Sie zeigte mir auch einige Graphiken.

Da sagte ich: „Giovanna, weißt Du überhaupt, welch grandiose Entdeckung Du da gemacht hast?“ Aber sie wußte nicht recht, was ich meinte.

Ich sagte: „Schau mal, Giovanna, wenn das wirklich Zweiphasigkeitskurven sind, die Du da in den Kompositionen der großen Meister gefunden hast, und zwar mit der epilept. Krise, dann muß das auch ein Teil eines SBS sein. Dafür kommt ja nur die Person des Komponisten in Frage. Also müssen das alles Biologische Konflikte des Komponisten sein, samt Lösung, die der Komponist mit Tönen statt mit Worten komponiert hat.“

Giovanna wollte es immer noch nicht so recht glauben, erzählte immer wieder vom Goldenen Schnitt und den Fibonacci-Reihen ...

So diskutierten wir miteinander viele Stunden lang in einem kleinen Hotel in Coín, nahe Alhaurín. Giovanna fiel es schwer, ihren Lieblingsgedanken vom „Goldenen Schnitt“ in der Musik fallen zu lassen.
Nun gibt es in unserem Kosmos ja viele „Zweiphasigkeiten“: der Tag/Nacht-Rhythmus, der Jahres-Rhythmus, der Rhythmus des Lebens etc. etc. In den nächsten zwei Jahren hatten wir einen liebenswürdigen Streit: Ich wünschte

und hoffte, daß die Zweiphasigkeit der Kompositionen mit dem 2. Biologischen Naturgesetz übereinstimmen könnte, aber Giovanna Conti blieb fest beim „Goldenen Schnitt".

Wir hatten 100 Diskussionen. Immer sagte ich: Giovanna, wenn es eine Zweiphasigkeit der Germanischen Neuen Medizin® (Germanische Heilkunde) ist, dann muß es sich um den Komponisten handeln und um einen Konflikt bzw. ein Sinnvolles Biologisches Sonderprogramm®, das der Komponist durchgemacht hat. Dann hat aber das Zweiphasigkeitsschema primär nichts mit dem Goldenen Schnitt zu tun. Denn die „Konfliktmasse" und die „Lösungsmasse" berechnen sich ja aus dem Integral unter der ca-Kurve samt epileptoider Krise und dem Integral über den beiden pcl-Tälern. D. h., die blauen Flächen (= **Konfliktmasse**) und die roten Flächen (= **Lösungsmasse**) sind **flächengleich**!!

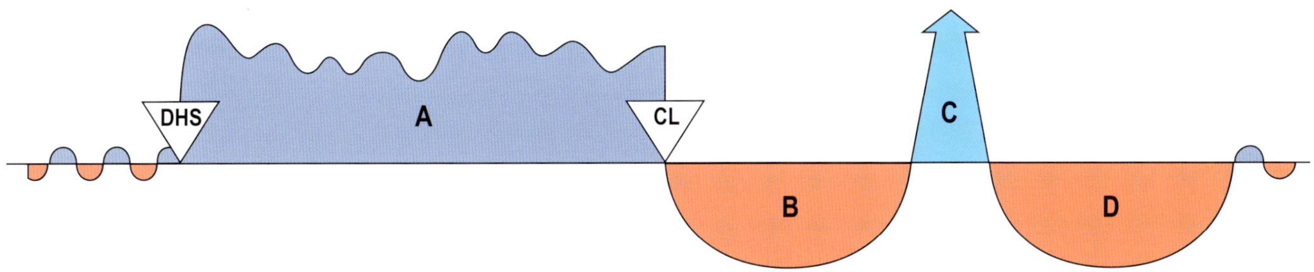

$$\int_{DHS}^{CL} A + \int C = \int B + \int D$$

Da kam mir eine Idee: „Giovanna, wenn das bei Instrumentalmusik so ist, dann könnte es ja bei Volksliedern auch so sein?"

Giovanna: „Ja, aber nur dann, wenn der Komponist der Melodie die gleiche Person ist wie der Text-Dichter."

Da reichte ich ihr „Mein Studentenmädchen" und sagte: „Bei diesem Lied stammen Melodie und Text von der gleichen Person, nämlich von mir. Und von mir habe ich auch die organischen Symptome, nämlich eine Bronchial-

Atelektase mit nachfolgender Lungenentzündung in der pcl-Phase und ein späteres Hirn-CT."

Da ging Giovanna und schloß sich in ihr Hotelzimmer ein. Nach einer Stunde kam sie ganz aufgeregt heraus und rief: „Das ist der Wahnsinn, das ist der Prototyp. Nicht nur jede einzelne Strophe, auch der Gesamttext läuft nach der Zweiphasigkeit mit epileptoider Krise. Wenn die organischen und cerebralen Symptome auch entsprechend verlaufen sind, dann ist Dein ‚Studentenmädchen' der absolute Prototyp eines Liedes, vermutlich auch jeder Instrumental-Komposition."

Von da ab war das Eis gebrochen. Und **„Mein Studentenmädchen"** verlief auch zufällig (?) nach dem Goldenen Schnitt. Vielleicht ist es „Goldener Schnitt", wenn nur ein Revierbereichs-Konflikt bestand und der gelöst würde?

Von jetzt ab war Giovanna durch „Mein Studentenmädchen" fest davon überzeugt, daß wir es bei allen Zweiphasigkeiten in der Musik mit SBS zu tun hatten, also mit Biologischen Konflikten – samt Lösung des Konfliktes. „Mein Studentenmädchen" hatte den endgültigen Durchbruch gebracht. Jetzt wissen wir, daß es zwar noch viele Arbeitshypothesen gibt, aber keine echten Hypothesen mehr. Und so wenig ich von Musik verstand und so wenig Giovanna Conti am Beginn von Germanischer Heilkunde verstand, so haben wir doch ideal zusammengearbeitet und Giovanna ist dabei, nach und nach die Biologischen Naturgesetze in der Musik zu fixieren.

Wie gesagt, bis zum „Studentenmädchen" war zwar die Zweiphasigkeit fast aller Kompositionen der großen Meister fix. Aber der Rest der 5 Biologischen Naturgesetze® in der Musik war noch mehr oder weniger hypothetisch. Mit dem Prototyp **„Mein Studentenmädchen"** ist nun alles definitiv klar.

Dann kam schon bald die Zeit, in der komische Agenten auftauchten, die so dringend über die biologisch empfundene Musik auf der Basis der Germanischen Neuen Medizin® informiert werden wollten. Wir merkten sehr bald, daß die aus einer bestimmten „religiösen Richtung" kamen und Giovannas Entdeckung stehlen wollten.

„Giovanna", sagte ich, „Du mußt ganz rasch ein kleines Buch schreiben, um Dir die Erstrechte an Deiner Entdeckung zu sichern." Das hat sie dann auch gemacht und unser Verlag hat sich krumm gelegt und unter großer Anstrengung das wunderschöne Buch finanziert.
„Per una Musica biologicamente sensata nell'ottica della Nuova Medicina Germanica" (Für eine biologisch sinnvolle Musik aus dem Blickwinkel der Germanischen Neuen Medizin®).

Und ich sagte zu Giovanna: „Ich habe genug entdeckt, ich bin wahrscheinlich einer der wenigen, der Dir Deine Entdeckung neidlos gönnt. Für mich war es ein Glück, Dir mit meinen Kenntnissen der Germanischen Heilkunde helfen zu können und Deine Entdeckung nun für die Patienten (Musiktherapie) nutzen zu können. Seit dieser

Zeit spreche ich übrigens von Archaischen Melodien® = Sinnvollen Biologischen Sonderprogrammen®. Seither ist Musiktherapie ein großes Anliegen von mir.

Anmerkung:
Der Goldene Schnitt ist eine ästhetische Relation, hat im Prinzip nichts mit der Konfliktmasse = Integral unter der ca-Phase und epilept. Krise und der Lösungsmasse = Integral über den beiden Hälften der pcl-Phase des SBS zu tun. Diese Größen sind biologische Größen. Nur zufällig (?) verlaufen mal die Relationen des Goldenen Schnitts und des SBS linear identisch – wie beim „Studentenmädchen".

Zur ersten Auflage der englischen Urfassung „The biological meaning of Music from the point of view of the Germanic New Medicine®" schrieb Dr. Giovanna Conti mir eine persönlich Widmung:

Lieber Geerd,

bei der Gelegenheit der englischen Herausgabe und unabhängig von der Achtung, die ich vor dir, dem Vater der Germanischen Neuen Medizin, habe und dir alle Seiten des Buchs zeigen will, will ich dir jetzt meine ganz private Meinung äussern. Da ich die besondere Ehre und das Sonderrecht habe, bei dir zu sein, glaube ich, dir etwas mehr als einen einfachen „Dank Dr. Hamer" für die Illumination von deinem Wissen sagen zu können – dafür brauche ich nur meine Stimme zu der deiner zahlreichen Schätzer hinzuzufügen.

Die Immersion in die Grundsätze der Germanischen Neuen Medizin und die Bearbeitung der Voraussetzungen, worauf sich die Musica Biologicamente Sensata später und natürlich gegründet hat, sowie eine fast kindliche Emotion wegen meiner Beteiligung an einem Teil deiner Wahrheit haben mich in dieses „Ereignis" so verwickelt, daß mir die Prospektive unserer Beziehung auf einer vielleicht biologisch funktionellen Art verboten war.

Trotzdem, von Anfang an, als ich dich in Spanien kennenlernte, habe ich jeden Tag dem Schicksal gedankt, denn es hat mich zu dir gebracht.
In meinem Leben passiert das für die bedeutenden Sachen und auch für die Musik: Ich danke dem Leben für eine Gabe, deren Ablehnung ein Sakrileg gewesen wäre.

In der Musik und in der Germanischen Neuen Medizin sehe ich exakte Richtlinien, und dein tapferes Dasein, unerreichbarer und fester Polarstern, erlaubt mir, eine bewusste Kontrolle über mich gegen die Verlockung der leichten Abkürzungswege auszuüben, die ich bisher nur wegen meines „mal carácters" niemals gehen wollte.

Es ist mir nicht leicht zu erklären, wie ich mich jeden Morgen über die Gedanken freue, dass ich den Kurs nach Hause halte.
Du weißt genau: Wenn ich bei dir bin, gelingt es mir, meinen Flüchtlingskonflikt zu lösen!

Mit der Publikation dieses Buchs ist das erste grosse Synthese-Werk zu Ende und ich kann mir endlich leisten, einen Blick auf eine bevorstehende Zukunft zu werfen und eine mir scheinbar abgeschlossene Vergangenheit zu schätzen. Wenn ich jetzt meine Augen schliesse, sehe ich das Licht bei dir und ein Traum erfüllt sich und damit wird eine neue Realität geschaffen.

Als ich Kind war, dachte ich nicht an Märchenprinzen, Zauberschlösser, Königsfestessen und Schimmel: Ich brauchte es nicht, denn die Natur war um mich mit den Haustieren, meinen Grosseltern und mit alten Bäumen. Ich lebte in einem Haus voller Kinder und Frauen mit reichlicher Brust.

Ich erinnere mich, dass ich nachts nicht zu träumen brauchte, weil mein Tagesleben genug „ernährt" war (etymologisch: felix –icis = nutriente). Als aber mein Glück einen Riss bekam und mein Polarstern von den ersten Wolken bedeckt war, fing ich an zu träumen.
Ich träumte davon, den Weg zu meinem Glück wiederzufinden und stellte mir vor, die Koordinaten lesen zu können, erst wenn ich die Naos der Natur – d. h. das Labor des echten Wissens – betreten konnte. Ich wußte, weil man mich gelehrt hat, dass mich die Wissenschaft und die Kenntnis zusammen mit dem Respekt vor der Natur eines Tages auf den rechten Weg und geradeaus zu jener Schönheit bringen würden, die mir das Herz an Sehnsucht brach, immer als ich eine Liebesgeste oder eine Achtungsbezeigung oder eine liebevolle Pflege oder eine altruistische Geste sah.

Als ich kein Kind mehr war und die Welt aus den Augen verlor, sah ich jene Liebesgesten und die altruistischen Gesten immer weniger. Ich sah nur traurige Ersätze und unbedeutende Negationen nach intellektualistischen Auslegungen. Ich konnte nur in der Musik, als Tonkult, Trost suchen, und mich an eine Vergangenheit erinnern, die auf eine frühere Zeit vor meinen traumatischen Lügen und die Aggregatvorschläge, die durch die Sozialbeteiligung die biologisch nötigen Beziehungen ersetzen wollten.

Wie es allen Opfern der Propaganda passiert, von der Jugend bis zum reifen Alter habe ich mir die Naturgabe wegnehmen lassen, die mir die kosmische Quintessenz geschenkt hat, und ich habe mich in unfruchtbaren psychologischen Spekulationen, in richtigen Gehirnstauungen verloren.
Aber heute – und ich danke dir dafür noch sehr – habe ich alles verstanden, ich sehe alles klar: Unter den verschiedenen Fahnen der Politik und der Religion dient unser dummer künstlicher modus vivendi einer Gewalt,

die nach der Entfernung der das Menschengeschlecht verstärkenden Beziehungen strebt. Diese Gewalt bietet uns köstliche Ersätze an, um besser die Alleinstehenden ausnutzen zu können.
Und um zum Schaden auch noch den Spott zu haben, lehrt man uns an der Schule, dass niemand in der Lage ist, gegen dieses System zu kämpfen, weil niemand genug entgegenstehende Kraft besitzt.
Niemand wird zum Mut erzogen. An der Schule lehrt man uns, wie wir in die Register eingetragen, und uns in die Kanäle der Institutionen leiten lassen müssen, wir lernen, Individualist zu sein, aber nicht frei, wir haben die Gewalt zu gewinnen, aber den Mut nicht, zu formen.

Indem ich fast nachgab und den Mut und die Hoffnung verlor, habe ich deine biologisch intelligente Seelenstärke getroffen.
Ich will es dir sagen: Ich habe nicht nur den größten Wissenschaftler der modernen Zeiten kennengelernt, sondern vielleicht auch den letzten tapferen Führer, den Sieger ohne Rücksicht auf Quälereien und Beleidigungen. Das geht über den Erfolg – den wir bei diesem ungleichen, skandalös geführten Kampf erringen werden – und über das Urteil der von der Propaganda narkotisierten Masse hinweg.

Einst sagte mir mein Lehrer: „Giovanna, vergiss das nicht! Ist ein Musiker gut, so applaudiert das Publikum, ist der Musiker ein sehr guter Künstler, dann schweigt das Publikum. Wenn das Publikum aber den echten Musiker trifft, schlägt ihn das Publikum ans Kreuz."
Wegen meines „mal carácters" ist es mir nie gelungen – und ich wollte es auch nicht – zu diplomatische Worte niederzuschreiben, ich kann aber alles sagen, was ich fühle.
Mit meinem Brief will ich dir nicht nur Dank sagen – denn ich danke für eine Geste, einen Gefallen, ein Kompliment ... –, von dir, von deinem Altruismus und deiner Ehrlichkeit will ich mich dagegen – wie von der Natur – führen lassen.

Mit meiner tiefsten Hochachtung und mit wahrer Zuneigung,

Deine Giovanna.

Parma, 18.08.2008

Das Lied „Mein Studentenmädchen“ brachte den Durchbruch (Coín 2006).

Wir haben
- die Melodie (Archaische Melodie®)
- den Konflikt im Liedtext
- die organischen Symptome:
  Bronchial-Ulcera in ca-Phase
  Bronchial-Atelektase und Pneumonie in der pcl-Phase
- die cerebralen Symptome:
  HAMERschen HERD in ca-Phase
  und in pcl-Phase

Sinnvolles Biologisches Sonderprogramm® mit Archaischer Melodie®

Wo finden wir die Germanische Heilkunde in der Musik wieder?

Was uns jetzt bevorstand und bevorsteht, ist eine mühsame Arbeit.
Wir wissen ja, daß die Kompositionen der alten Meister sowohl ihre Biologischen Konflikte zum Ausdruck bringen als auch ihre sog. Krankheitssymptome beinhalten.

Dazu bräuchten wir Menschen, die als Musiker musiktheoretisch perfekt – und gleichzeitig Heilkundige der Germanischen sind. Im Idealfall kämen wir so weit, daß wir einer Komposition nicht nur ansehen könnten, in welchem Keimblatt die Komposition spielt, sondern sogar, welches Organ betroffen ist und – natürlich, welcher Biologische Konflikt abgelaufen ist. Alles zusammen nennen wir ja Sinnvolles Biologisches Sonderprogramm. Und dann muß alles noch in die Biographien der großen Meister eingepaßt werden können. Zugegeben, das Ganze ist sehr mühsam.

Wer kennt sich schon mit allem aus? Giovanna Conti gibt sich große Mühe, hier und da das Keimblatt zu erahnen, Sehr viel mehr ist momentan noch nicht möglich. Aber auch kleine Schritte sind hilfreich, wenn wir ja bereits wissen, was das Ziel ist.

Wir müssen uns jeden Komponisten quasi als Patienten vorstellen, dessen Anamnese seine Kompositionen sind. Natürlich werden wir zu Anfang nur einen kleinen Teil der Sinnvollen Biologischen Sonderprogramme, sprich Archaische Melodien®, eines Komponisten herausfinden. Aber wenn viele mitarbeiten und wir die Biographien der Komponisten besser kennen lernen, sammeln wir immer mehr Mosaiksteine.

Da wird es gewiß am Anfang viele Hypothesen geben, von denen man einen Teil vielleicht später wieder verwerfen muß. Aber das macht ja nichts, es ist ja auch eine mühsame, aber sehr spannende Arbeit.

Vielleicht ist es noch einfacher, wie in „Mein Studentenmädchen“, wenn man die Volkslieder sammelt, deren Melodie und Text vom gleichen Menschen stammen und die nach dem 2. Biologischen Naturgesetz verlaufen. Dann hat man schon mal den Konfliktinhalt des SBS. Dazu kann man dann leichter die zugehörigen Organ-Symptome finden.

Wie gesagt, später ist das für engagierte und befähigte Musik-Heilkundige eine Liebhaberei.

Die Archaischen Melodien®

auf dem Boden der Germanischen Heilkunde

Ergebnisse, Konsequenzen und Perspektiven der von Dr. Giovanna Conti entdeckten Zweiphasigkeit in der biologisch empfundenen Musik sowohl als auch heilkundlich-therapeutisch von Dr. Ryke Geerd Hamer

Die fundamentale Entdeckung von Giovanna Conti (2006) bestand darin, erkannt zu haben, daß die klassischen Musikstücke unserer großen Meister quasi alle nach dem 2. Biologischen Naturgesetz®, dem Gesetz der Zweiphasigkeit – bei Lösung des Konflikts – verlaufen.

Wir setzten uns in Spanien zusammen und besprachen dann gemeinsam die Konsequenzen:

1. Konsequenz: Wenn ein biologisches Naturgesetz vorhanden ist, müssen auch stets alle 5 Biologischen Naturgesetze® vorhanden sein.
2. Konsequenz: Wenn 5 Biologische Naturgesetze® vorhanden sind, dann muß es einem **S**innvollen **B**iologischen **S**onderprogramm® (SBS) der Germanischen Heilkunde entsprechen.
3. Konsequenz: Dann muß in jeder Instrumental-Komposition unserer großen Meister ein biologischer Konflikt gefunden werden können.
4. Konsequenz: Dann muß auch in jeder Komposition ursprünglich ein zweiphasiges sog. Krankheitsgeschehen zu finden sein, was wir SBS (= **S**innvolles **B**iologisches **S**onderprogramm®) nennen.
5. Konsequenz: Uns fehlen bei der Instrumentalmusik die Konfliktinhalte, die wir uns mühsam aus der Biographie der Komponisten hypothetisch erschließen könnten.
6. Konsequenz: Bei der Vokalmusik finden wir zwar eine Melodie und einen Text, aber die stammen in den allermeisten Fällen nicht von der gleichen Person. D. h., jemand macht einen Text und ein anderer macht eine Melodie dazu, wie z. B. im „Heideröslein“: Text von Goethe und die Musik von Schubert.
7. Konsequenz: Nur die Volkslieder oder Balladen, bei denen Text und Melodie von der gleichen Person stammen, sind „echt” bzw. echte Sinnvolle Biologische Sonderprogramme®.
8. Konsequenz: Die Musik ist integraler Bestandteil der Germanischen Heilkunde und umgekehrt auch.

Das alles haben wir 2006 zusammen überlegt.

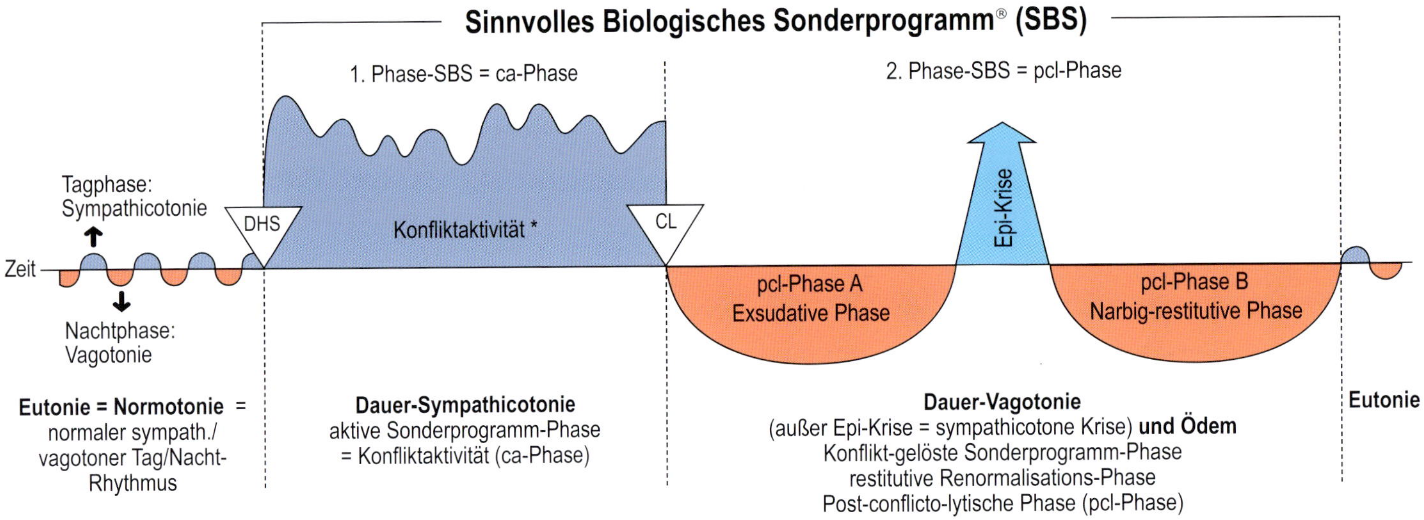

* $\int_{DHS}^{CL}$ unter der ca-Phasen-Kurve (Dauer mal Intensität des Konfliktes = Konfliktmasse)

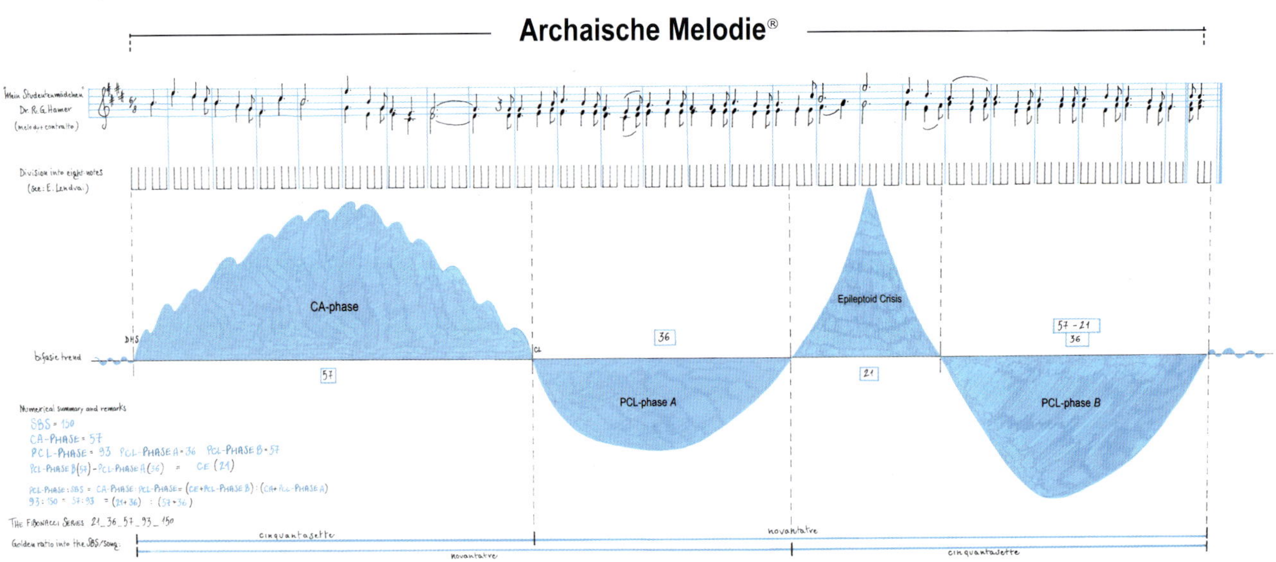

Doch nun der Reihe nach: Unsere klassischen Musikstücke bestanden oder bestehen zu allermeist quasi aus **Archaischen Melodien**®, in denen der Komponist – mit Noten statt mit Worten – zumeist längst vergangene und gelöste biologische Konflikterlebnisse geschildert hat, die wir Sinnvolle Biologische Sonderprogramme® der Natur nennen, zusammen mit einem abgelaufenen zweiphasigen „Krankheitsverlauf."
Jede **Archaische Melodie**® hat also ihr besonderes Sinnvolles Biologisches Sonderprogramm® (SBS), aber umgekehrt hat auch jedes SBS seine spezifische Archaische Melodie®. Auch wenn es nur wenige Komponisten unter uns gibt, so gilt dies im Prinzip für alle Menschen, ja auch für alle Tiere und alle Pflanzen – für den ganzen Kosmos. Und es gilt nicht nur für die Musik, sondern auch für die Malerei, die Literatur, den Tanz, die Poesie – kurz für alle musischen Bereiche. Natürlich gehört, wie gesagt, zu jeder **Archaischen Melodie**® ein zweiphasiger „Krankheitsverlauf" (SBS), also auch eine stattgehabte Lösung des Biologischen Konfliktes.

Die Germanische Heilkunde mit ihren Sinnvollen Biologischen Sonderprogrammen® und ihren 5 Biologischen Naturgesetzen® wird von Ignoranten oft fälschlicherweise in die Nähe der Psychologie gestellt. Aber die sog. Psychologie ist eine willkürliche künstliche Konstruktion, die in Wirklichkeit gar nicht existiert.

Die biologischen Konflikte der Germanischen Heilkunde, die wir sehen und die stets dramatisch und unversehens mit einem DHS (Konflikterlebnisschock) beginnen, haben sowohl auf psychischer Ebene einen völlig anderen Verlauf, nämlich Dauer-Sympathicotonie in der ca-Phase (conflikt-aktive Phase) und Dauer-Vagotonie in der pcl-Phase (= postconfliktolyse-Phase = Lösungs- oder Restitutive Phase) als auch, was ja in der Psychologie nicht beschrieben ist, einen synchronen Verlauf im Gehirn und einen synchronen Verlauf im Organ.

Die Germanische Heilkunde, Germanische Neue Medizin® oder Biologische Neue Medizin®, was alles das Gleiche ist, wurde vor 30 Jahren zwischen Juli und Oktober 1981 in Oberaudorf entdeckt und im Oktober 1981 veröffentlicht und bei der Universität Tübingen als Habilitations-Arbeit eingereicht.

Fünf Professoren einer gewissen Glaubensgemeinschaft überprüften sie damals noch im Oktober (wie die Universität inzwischen nicht mehr abstreitet) hinter verschlossenen Türen. Sie stellten staunend fest, daß der Dr. Hamer, der ja in der gleichen Klinik in Tübingen gearbeitet hatte, die Entdeckung aller Entdeckungen der Medizin gemacht hatte, bzw. den **Stein der Weisen in der Medizin** gefunden hatte.

Wie inzwischen Freund und Feind zugeben müssen – **die größte Entdeckung der Menschheitsgeschichte**. Danach begann der gnadenloseste Krieg der Menschheitsgeschichte mit bisher Milliarden Toten – oder besser: Ermordeten, Vergifteten (durch Chemo und Morphium), Geschächteten (= Ausgebluteten).
Die Germanische Heilkunde wurde, wie gesagt, bereits vor 30 Jahren (1981) von mir entdeckt und veröffentlicht, zunächst nur das 1. Biologische Naturgesetz, die EISERNE REGEL DES KREBS®, aber schon nach sehr kurzer Zeit kam

1982 das 2. Biologische Naturgesetz hinzu – die Zweiphasigkeit aller Sinnvollen Biologischen Sonderprogramme® bei Lösung des Konflikts. Ein paar Jahre später folgten dann die restlichen 3 Biologischen Naturgesetze.

Sie ist nicht etwa eine Weiterentwicklung der Schulmedizin mit ihren 5000 Hypothesen, sondern sie ist etwas von Grund auf gänzlich anderes – ohne eine einzige Hypothese. Sie ist eine naturwissenschaftliche Medizin, die die gesamte Medizin umfaßt. Sie basiert auf fünf empirisch gefundenen Biologischen Naturgesetzen, die auf jeden einzelnen Fall einer sog. Erkrankung bei Mensch, Tier und Pflanze, ja sogar für das einzellige Lebewesen, Anwendung finden – also für den gesamten belebten Kosmos.

Sie bedarf keiner Dogmen, keiner Hypothesen oder sog. statistischer Wahrscheinlichkeiten. Sie ist in sich klar und logisch und für jeden normal intelligenten Menschen gut verständlich und nachvollziehbar. Und sie gilt für alle sog. Krankheiten – alle, die es überhaupt nur gibt, denn sie verlaufen alle nach diesen 5 Biologischen Naturgesetzen®, d. h. sind jeweils nur Teile eines normalerweise zweiphasigen **S**innvollen **B**iologischen **S**onderprogramms der Natur ® (SBS).

Dies wurde auch am 8. und 9. September 1998 an der Universität Trnava (Slowakei) demonstriert und amtlich verifiziert! (siehe Seite 62.)

Die Ärzte früherer Jahrhunderte oder Jahrtausende hatten meist in den Mittelpunkt ihrer Betrachtungen die psychischen Zusammenhänge gestellt, sowohl was die Diagnostik als auch die Therapie anbetraf. Natürlich waren sie nicht in der Lage, auf der Basis von Anatomie, Physik und Biochemie, also den modernen Naturwissenschaften, ihre Erkenntnisse zu untermauern, sondern sie sammelten ihre Erfahrungen zumeist psychisch-intuitiv.
Und nun sehen wir beglückt, daß die Musik, d. h., unsere alten Meister, die SBS-**Archaischen Melodien**® intuitiv auch treffend erfaßt hatten.

Beide Betrachtungsweisen sind unvollständig, beide Betrachtungsweisen lassen das Gehirn mehr oder weniger außer Betracht. Insgesamt war aber die psychisch-intuitive Betrachtungsweise noch den wahren Verhältnissen näherkommend, denn wir sehen ja, welch furchtbare Folgen eine rein organisch ausgerichtete Medizin hat. Andererseits kann man natürlich nicht zu einer reproduzierbaren systematischen Synopse gelangen, wenn man nicht das gesamte organische Feld mit einbezieht.

In Wirklichkeit gibt es die Unterscheidung zwischen Psyche, Gehirn und Organ strenggenommen nicht, denn in Wahrheit ist es eine dauernd **synchron** verlaufende Trias, nämlich: Psyche – Gehirn – Organ.

Alle Vorgänge von Psyche und Organ sind durch das Gehirn verbunden und werden dort koordiniert. Das Gehirn ist quasi der große Computer unseres Organismus, die Psyche wird zum Programmierer, Körper und Psyche wiederum gemeinsam das Erfolgsorgan des Computers, sowohl bei optimaler Programmierung als auch bei einer Störung des

Programms. Denn es ist keineswegs nur so, daß die Psyche Gehirn und Organ programmiert, sondern das Organ vermag auch bei Verletzungen, Knochenbrüchen und dgl. quasi eine automatische Programmierung des Gehirns und der Psyche zu induzieren.

Die Germanische Heilkunde (wie sie heute heißt) ist eine empirische Naturwissenschaft und basiert, wie gesagt, auf fünf empirisch gefundenen Biologischen Naturgesetzen, die auf jeden einzelnen Fall einer „Erkrankung" bei Mensch, Tier und Pflanze – ja sogar für das einzellige Lebewesen (und für den gesamten Kosmos) im streng naturwissenschaftlichen Sinne Anwendung findet.
Sie ist eigentlich gar keine neue Medizin, sondern wahrscheinlich eine uralte Medizin, die es immer schon gab und auch immer geben wird, und nur von mir wiederentdeckt wurde, denn Naturgesetze können ihre Gültigkeit nicht verlieren.

In der Germanischen Heilkunde wäre der Gedanke absurd zu fragen, ob vielleicht psychische Vorgänge körperliche Vorgänge „auslösen" könnten. Hier ist ein psychischer Vorgang gleichbedeutend mit einem parallel und synchron ablaufenden cerebralen Vorgang und ebenfalls synchron mit einem körperlich-organischen Vorgang. Dadurch unterscheidet sich die Germanische Heilkunde grundlegend von allen bisherigen medizinischen Richtungen, auch allen alternativen Richtungen – insbesondere der traditionellen Vor- oder sog. Schülermedizin. Beweis: Bei einem DHS sehen wir in der gleichen Sekunde einen HH (HAMERschen HERD) in **c**onflikt-**a**ktiver Phase (d. h. scharfrandiger Schießscheibenkonfiguration) im Gehirn und ebenfalls in der gleichen Sekunde einen HOH (HAMERschen ORGAN-HERD) ebenfalls in conflikt-aktiver Phase (d. h. in scharfrandiger Schießscheibenkonfiguration) am zugehörigen Organ.

In Wirklichkeit gibt es ja, wie gesagt, strenggenommen die Unterscheidung zwischen Psyche, Gehirn und Organ nicht, denn in Wahrheit ist es eine dauernd **synchron** verlaufende Trias. Dieses dauernde Wechselspiel zwischen Psyche, Gehirn und Organ, mit dem Gehirn als dem großen, in Jahrmillionen entwickelten Computer unseres gesamten Organismus, müssen wir uns vor Augen halten, wenn wir die 5 Biologischen Naturgesetze® der Germanischen Heilkunde verstehen wollen.

Die Unkenntnis dieser Naturgesetze im medizinisch-klinischen Sinne hat uns daran gehindert, die Medizin jemals richtig einzuteilen oder auch nur eine einzige Erkrankung richtig zu sehen bzw. beurteilen zu können. Wir konnten weder jemals den Krebs und seine Zusammenhänge erkennen, denn wir hielten ihn für unheilbar und hatten uns darauf verlegt, die Symptome der Krebserkrankung auf der organischen Ebene beseitigen zu wollen, noch hatten wir z. B. die Möglichkeit gehabt, die sog. Infektionskrankheiten überhaupt zu verstehen, denn wir hielten sie nicht etwa für restitutive Vorgänge, sondern für aggressive Krankheitsvorgänge, in denen uns die Mikroben vernichten wollten.

Ebenso blieb das Gesetz der Zweiphasigkeit der Erkrankungen mangels Kenntnis der Zusammenhänge unberücksichtigt, sowieso die psychische Ebene und die cerebrale Ebene und die Bedeutung der Links- und

Rechtshändigkeit. Von der Epi-Krise, die die häufigste Todesursache darstellt, gar nicht zu reden.

Die gesamte Medizin war bisher nur symptomatisch ausgerichtet. „Krankheiten" waren Krankheiten des Organs und als solche rein organisch-symptomatisch zu behandeln. Alles wurde mit Infusionen und Skalpell behandelt oder mit Chemo-Gift – zum Schluß dann mit Morphium – Ende.

Die Psyche galt als „unwissenschaftlich", das war was für „Spinner" (Scharlatane). Serumparameter (Blutwerte), Röntgenbilder und Organ-CTs wurden als „Fakten" angesehen. Die Psyche und das Gehirn, von denen alles in unserem Organismus gesteuert wird, waren gänzlich uninteressant!

Doch die Verknüpfung der Gedanken, Erinnerungen, Konflikte etc. erfolgt nicht, wie wir uns das früher vorgestellt hatten, psychologisch, sondern biologisch, nämlich **assoziativ**.
Alles, was ich in der sog. Schulmedizin gelernt habe, mußte ich vergessen, alle Dogmen weit wegwerfen, nichts hatte gestimmt. Es waren die überheblichen Zauberlehrlinge der Schülermedizin, die mir zum Schluß in Wut und Haß wegen „Nicht-Abschwörens der Neuen Medizin" und „Mich-nicht-Bekehrens zur Schulmedizin" lebenslänglich Berufsverbot erteilt haben. Und das Bundesverfassungsgericht, das offenbar auch nur aus „gewissen Kreisen" besteht, hat die Maßnahme sanktioniert, wegen „vermuteter Schwäche der geistigen Kräfte". Auch die Presse / Medien, die fleißig mitgeholfen haben, brüllten: „Wunderheiler – Scharlatan – sperrt ihn ein..."

Und so habe ich für meine Entdeckung – die heute, 2011, **30 Jahre** von allen (nicht nur medizinischen) Richtungen unterdrückt und totgeschwiegen wird, und die doch eigentlich der Menschheit zum Segen gereichen soll – schon zweimal im Gefängnis gesessen. Und täglich sterben uns ungezählte Patienten unnötigerweise weg, obwohl die meisten nach der Germanischen Heilkunde überleben und wieder gesund werden könnten.
Ein bekannter Professor für Geschichte der Naturwissenschaften in Bonn hat es „die krasseste Erkenntnisunterdrückung" und **„das grausigste und schlimmste Verbrechen der Menschheitsgeschichte"** genannt.

Nun ist plötzlich, offensichtlich durch die Entdeckung von Giovanna Conti, die Germanische Heilkunde nicht mehr nur die größte Entdeckung der Menschheitsgeschichte, sondern eine Entdeckung der natürlichen kosmischen Weltformel!

Die Gesetze der Germanischen Heilkunde sind zugleich die Gesetze der Musen, sie sind natürliche Gesetze des gesamten belebten Kosmos. Sinnvolle Biologische Sonderprogramme® sind identisch mit Archaischen Melodien® und umgekehrt sind die Archaischen Melodien® identisch mit Sinnvollen Biologischen Sonderprogrammen®.
Das hört sich nicht nur atemberaubend an, das ist auch atemberaubend.
Der Paradigmenwechsel ist so gewaltig, daß man die Archaischen Melodien® als die größte Musikentdeckung der letzten 200 Jahre bezeichnen muß. Die Musik hat aufgehört, **nur** nach ästhetischen Kriterien des Geschmacks

beurteilt werden zu können, sondern die Musik ist quasi synonym mit Germanischer Heilkunde, ist unser Leben, ist unsere Psyche, ist unser Körper (= „Krankheiten" = SBS). Die Musik vibriert in jedem Tierchen, in jedem Blatt, in jedem Einzeller. Die Musik und die **Archaischen Melodien®** sind ein **kosmisches Prinzip!**

Wir sehen (linkes Bild) einen HOH (HAMERscher ORGAN-HERD) in ca-Phase in Schießscheibenkonfiguration, rechts mehrere HOH in pcl-Konfiguration.
Wir können auch sagen: Es schwingen Archaische Melodien®. Das linke Blatt eines Zitronenbäumchens hatte über Nacht am offenen Fenster gestanden, während es draußen fror. Das rechte Ahornblatt zeigte sich beim „Altweibersommer".
Rechts: Die Entdeckerin dieser bisher (Sept 1995) unbekannten HOH, Mag. Helga Gergelyfi mit mir auf einem Kongreß in der Schweiz.

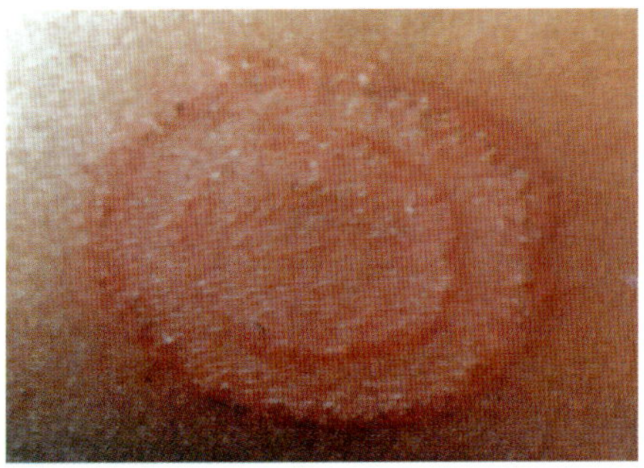

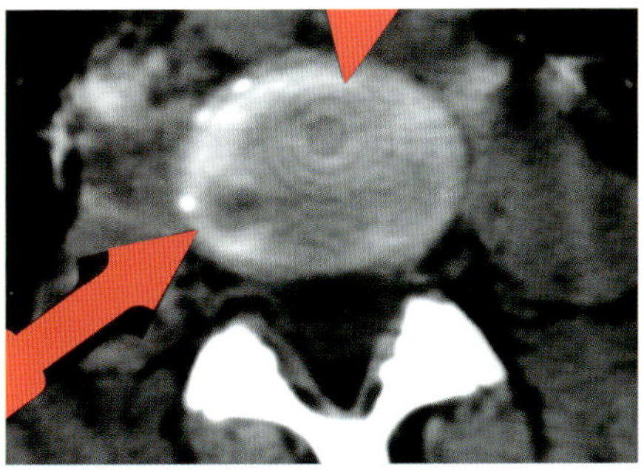

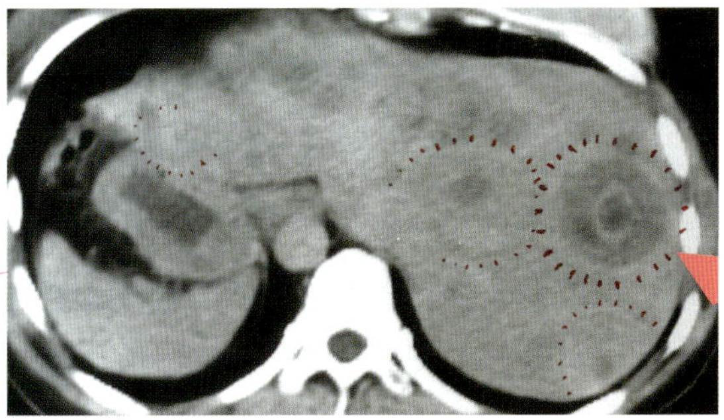

Links: HOH in ca-Phase der menschlichen Haut bei akutem Trennungskonflikt.
Mitte: HOH in ca-Phase (oberer Pfeil) im Wirbelknochen und HOH in rezidivierter ca-Phase bei Selbstwerteinbruchskonflikt (linker Pfeil).
Rechts: Multiple HOH in pcl-Phase der Leber, entsprechend einer kavernisierenden Leber-Tuberkulose.

Ich würde an dieser Stelle gerne demonstrieren, wie die 5 Naturgesetze und alle die vielen Regeln der Germanischen ihre Anwendung in der Musik haben. Aber das überlasse ich der Professorin Giovanna Conti von der Universität Sandefjord. Sie ist Pianistin, Musikexpertin und auch theoretische Kennerin der Germanischen Heilkunde.
Ich darf der/dem verehrten Leser(in) verraten, daß wir mitten in der Arbeit sind, die vielen Gesetze und Regeln der Germanischen in der Musik wiederzufinden. Wir wissen nur, daß sie da sind, denn die Sinnvollen Biologischen Sonderprogramme® (SBS) und die Archaischen Melodien® (AM) sind ja identisch.

Giovanna Conti hat in ihrem Buch schon versucht, das, was wir wissen – es ist im Detail noch nicht sehr viel – darzulegen.
Es ist eine neue Wissenschaft, und mehr als Giovanna Conti weiß, weiß noch niemand. Aber sie hat schon vieles herausgefunden, z. B., daß das Nocturno von Chopin in schizophrener Konstellation geschrieben sein muß: Beide Hände spielen verschiedene Takte. Auch über die Bedeutung der Keimblätter macht sie sich kluge Gedanken. Arbeitshypothesen sind in diesem Stadium der Forschung durchaus erlaubt. Glücklicherweise, ich sagte es schon, kam uns zum rechten Zeitpunkt „Mein Studentenmädchen“ zur Hilfe. Das hatte/hat alles: Archaische Melodie®, Konflikttext, Organsymptomatik und ein Hirn-CT von mir, allerdings von später, aber sehr deutlich, gibt es auch.
Ich gebe meinen Lesern den guten Rat, sich zu bemühen, die Germanische Heilkunde zu verstehen. Um es auf den Punkt zu bringen: Das ist Musik! Das sind die Archaischen Melodien®. Ob Ihr Mathematik auf Englisch, Spanisch oder Deutsch lernt, bleibt sich gleich: Es ist immer die gleiche Mathematik.

Und ob Ihr die Archaischen Melodien® (AM) oder die Germanische Heilkunde oder den archaischen Tanz, Malerei, Poesie oder Bildhauerei lernt, es bleibt sich gleich: Immer sind es die gleichen Sinnvollen Biologischen Sonderprogramme®, die **ewige, göttliche kosmische Weltformel**. Deshalb schaut mal weiter in Kapitel 4 und 5. Da könnt Ihr schon die meisten Details dieser göttlichen kosmischen Weltformel lesen.

Professor H. Calgéer, den ich seit Beginn meiner Studienzeit 1954 in Tübingen kannte, war ein wacher Geist. Von ihm gilt, mit jedem Jahr, das er älter wurde, wurde er noch besser – bis 87! – von seinem unwiderstehlichen Charme ganz zu schweigen.

Mit nebenstehendem Gutachten hat er Musikgeschichte geschrieben und sich unsterblich gemacht. Er hat auch die Universität Tübingen, die mich 30 Jahre bis aufs Messer bekämpft hat, tief beschämt, weil er unter dem Kopf der Universität dieses wundervolle Gutachten verfaßt hat.

Dazu noch eine kleine wahre Anekdote – 3 Jahre vor seinem Tode (mit 87) – die die Schlagfertigkeit von Helmut

Calgéer treffend zeigt: Professor Calgéer rief mich 2006 aus Tübingen an. Er habe seit gestern einen furchtbaren Schwindel, was das denn sein könnte.
Ich sagte ihm: „Herr Professor, denken Sie mal nach, Sie müssen in den letzen ein bis zwei Tagen gefallen sein oder jemand anderen haben fallen gesehen."
„Nein, ausgeschlossen, ich bin nicht gefallen, habe auch keinen fallen gesehen."
Es war nachts um 23.00 Uhr.
Ich sagte: „Herr Professor, ich verspreche Ihnen, Sie sind irgendwo gefallen. Schlafen Sie die Nacht darüber, wenn Sie darauf gekommen sind, rufen Sie mich wieder an."
Morgens um 8.00 Uhr ging das Telefon. Der Professor war es: „Ach, Mensch, Herr Hamer, wie konnte ich das überhaupt vergessen haben. Ich bin vorgestern in der Universität die große Treppe (25 Stufen) auf dem Hintern heruntergerauscht. Als ich unten war, dachte ich: Jetzt bist du tot. Es war der schlimmste Fall meines ganzen Lebens. Aber dann war gar nichts weiter passiert."
„Bis auf den biologischen Fall-Konflikt, der Ihnen den Schwindel macht", sagte ich.

Calgéer: „Ja, Herr Hamer, was muß ich denn jetzt machen?"
Hamer: „Herr Professor, Sie sollten nur noch bei einer Person untergehakt die Treppe hinuntergehen, die eine Hand am Geländer."
Calgéer: „Und wenn ich niemanden zum Unterhaken habe?"
Hamer: „Dann gibt es noch einen Trick: Sie müssen, die eine Hand am Geländer, rückwärts die Treppe hinunter gehen. Dann kann auch nichts passieren."

Unser lieber Professor ging also die nächsten Jahre brav rückwärts die Treppen hinunter, das klappte hervorragend.

Aber nach zwei Jahren fragte ihn ein vorwitziger Student: „Herr Professor, warum gehen Sie denn rückwärts die Treppe hinunter?"
Da antwortete ihm der Professor schlagfertig: „Ja, junger Sportsfreund, werden Sie mal 86, da gehen Sie auch rückwärts die Treppen hinunter!"

Das war Calgéer, wie er leibte und lebte, gutmütig, charmant und – schlagfertig.

KULTURREFERAT

EBERHARD KARLS UNIVERSITÄT TÜBINGEN

Universität Tübingen · Hölderlinstr. 19 · 72074 Tübingen

Telefon: 0 70 71 · 29 74 65 9
0 70 71 · 29 77 99 5
0 70 71 · 26 634
Telefax: 0 70 71 · 51828
kulturreferat@uni-tuebingen.de

Helmut Calgéer, Musikprofessor

12. Mai 2008

Stellungnahme

zu dem Buch der Pianistin Dottoressa Giovanna Conti aus Parma:

"Per una Musica biologicamente sensata nell' ottica della Nueva Medicina Germanica"

Oben genanntes Buch der italienischen Pianistin Dr. Giovanna Conti ist eine grandiose Entdeckung und wird das Musikverständnis auf eine völlig neue Grundlage stellen.
Daß biologische Naturgesetze Einfluß nehmen könnten auf das Verständnis unserer klassischen Musik, sowohl der Instrumentalmusik als auch der Vokalmusik, das hätte sich bisher niemand vorstellen können. Ja, daß diese 5 Biologischen Naturgesetze der Germanischen Neuen Medizin sogar in Zukunft die Grundlage bilden werden, auf der wir unsere Musik nunmehr ganz neu verstehen lernen müssen, so etwas war bisher undenkbar.
Auch ist die Vorstellung faszinierend und eröffnet eine völlig neue Dimension in der Musik, daß unsere klassischen Komponisten uns z.B. mit jedem Satz einer Symphonie ein abgeschlossenes Biologisches Konflikterlebnis aus ihrem Leben, ein sog. Sinnvolles Biologisches Sonderprogramm, mit Tönen statt mit Worten berichten.
Für uns Tübinger ist es ganz besonders erwärmend, daß das entzückende Volkslied *„Mein Studentenmädchen"*, das ja in Tübingen und an der Wurmlinger Kapelle spielt, von der Autorin zum Prototyp für das Verständnis der gesamten Musik gewählt wurde, weil es mit dem Liedtext zur Melodie auch gleich den biologischen Konfliktinhalt zum Sinnvollen Biologischen Sonderprogramm dazuliefert.
Für die Werke unserer klassischen Komponisten steht den Biographen jetzt eine mühsame Arbeit bevor, z.B. den einzelnen Sätzen einer Symphonie die jeweils zugehörigen Sinnvollen Biologischen Sonderprogramme aus dem Leben des Komponisten zuzuordnen. Natürlich gelingt das nur mit der präzisen Kenntnis der Germanischen Neuen Medizin.
Wir Musiker können froh darüber sein, daß uns – wie es die Pianistin Dottoressa Giovanna Conti in ihrem Buch ausdrückt - ein neues wunderbares Zeitalter des Musikverständnisses geschenkt worden ist. Ich selbst bin als Tübinger Musiker von diesem Buch fasziniert.

Helmut Calgéer

Helmut Calgéer, Musikprofessor

Gutachten von Professor Helmut Calgéer

Prof. Helmut Calgéer (87) mit seiner Mitarbeiterin Frau Lore Sommer auf dem Konzert für Biologische Musik auf der Basis der Germanischen Neuen Medizin® bzw. Archaische Melodien®, Karlsruhe-Durlach in der Karlsburg am 9. Okt. 2009, kurz bevor er gestorben wurde.
Am meisten hatte es ihm das Lied „Mein Studentenmädchen" angetan, das er begeistert stehend mitsang.
Mit seinem Gutachten unter dem Kopf der Universität Tübingen und diesem Konzert in Durlach schloß sich der „Tübinger Kreis".

Der Musikgenuß mit der Germanischen Heilkunde und den Archaischen Melodien®

Am 9. Oktober 2009 fand in der Karlsburg in Karlsruhe-Durlach das 1. Konzert der Germanischen Heilkunde bzw. der Archaischen Melodien® statt.

Konzertsaal in Durlach

Am 29. Juni 2009 lud ich dazu folgendermaßen ein:

Liebe Freunde der Germanischen,
heute besonders: liebe Studienkreisleiter!

Ich habe die große Freude und Ehre, Euch einzuladen zu einem historischen Ereignis ***am 9. Oktober 2009*** *zu einem Konzert in Karlsruhe.*

Es werden Klavierkonzerte für 2 Pianos u. a. von Mozart, von der Entdeckerin der Biologischen Musik, die auf dem Boden der Germanischen Neuen Medizin steht, Frau Prof. Dr. Giovanna Conti aus Parma/Italien und ihrem Lehrer, Prof. Maestro Giorgio Tosi gespielt. Eingangs singt eine bekannte Sängerin, Prof.ssa Cristina Roffi, das Lied „Mein Studentenmädchen“, das in der Biologischen Musik inzwischen als Prototyp schlechthin gilt.
Am Ende des Konzertes ist ein Jugendchor vorgesehen, der nochmals das Lied singt.
Den Schluß des Konzertes bildet das gemeinsame Lied “Mein Studentenmädchen” aller Beteiligten einschließlich aller Zuhörer mit Pianobegleitung, Chor und Sängerin.
Obwohl das musikalische Programm bescheiden ist, dürfte dieses Konzert ein Jahrhundert-Ereignis der Musik werden.

... Für Musikfreunde und Kenner der Germanischen: Über dem Orchester läuft auf einem breiten Bildschirm die Partitur des Konzertes mit der Zweiphasigkeitskurve synchron mit, d. h. synchron mit dem Spiel des Orchesters, in diesem Fall der beiden Pianos. Den Jugendchor, der das Studentenmädchen singt, dirigiert Frau Prof. Conti selbst.

Die Archaischen Melodien sind nicht etwa nur eine Spielerei, sondern sie sind für unser Musikverständnis eine fundamentale neue Perspektive. Sie erschließen uns, wie schon gesagt, erstmals den menschlichen Teil der Kompositionen der alten Meister, die nämlich ihre eigenen sinnvollen biologischen Sonderprogramme, sprich Archaischen Melodien ihres Lebens, in Noten und Tönen beschrieben haben.
Entsprechend können wir in Zukunft die Musik-Kompositionen nicht nur akustisch hören, sondern auch optisch verstehen. Wir sehen also das Musikstück auf einem Lichtband mit Partitur und Zweiphasigkeitskurve, z. B. bei „Mein Studentenmädchen“ läuft ein roter Ring auf der Kurve der Archaischen Melodie® synchron mit der Lied-Melodie und Lied-Text mit. Beim Prototyp „Mein Studentenmädchen“ ist das noch einfach.

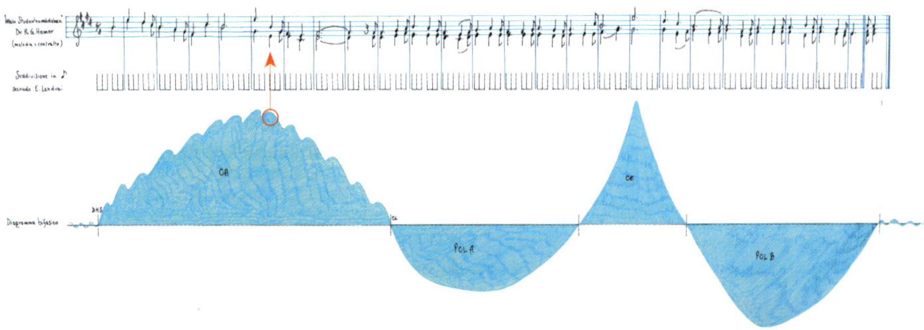

Hier Prof. Dr. Giovanna Conti bei der Interpretation des „Mein Studentenmädchen“ in Durlach am Flügel (dahinter der Chor).

Nun wissen wir aus der Germanischen Heilkunde, daß es auch schizophrene Konstellationen gibt. Die gibt es natürlich auch bei Komponisten.

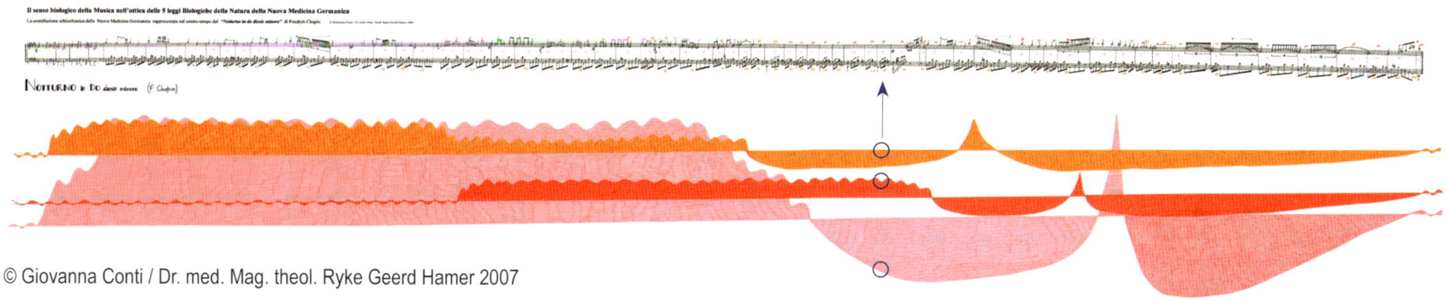

© Giovanna Conti / Dr. med. Mag. theol. Ryke Geerd Hamer 2007

Graphische Interpretation des Nocturno N° 20 b in Cis-Moll Op. posth. von F. Chopin durch Giovanna Conti: Die schizophrene Konstellation entsprechend der Germanischen Neuen Medizin® (Germanische Heilkunde), die den gegenläufigen Rhythmus (Dreiviertel-Takt und Vierviertel-Takt) der beiden Hände der Pianistin repräsentiert.
In Zukunft würden bei diesem Nocturno von Chopin drei rote Ringe Musik-Partitur-synchron, aber hinsichtlich der Archaischen Melodien asynchron miteinander verlaufen.
In diesem Fall können wir bei unserem „Patienten Chopin“ psychiatrisch eine ganze Menge lernen. So muß es auch sein!

Hier Giovanna Conti bei der Interpretation des „Nocturno“ von F. Chopin in dem Konzert am 8. Okt. 2008 in Durlach. Sie interpretiert eine „schizophrene Komposition“, bei der, wie gesagt, die beiden Hände der Pianistin verschiedene Takte spielen. Noch mehr: im Nocturno laufen, wie Giovanna Conti uns in ihrem Buch beschreibt, drei Archaische Melodien ***asynchron*** *miteinander!*
Wir wissen noch nicht, ob diese Interpretation von Giovanna Conti später standhält. Aber egal, alle Wissenschaft beginnt mal mit Arbeitshypothesen.

Giovanna Conti ist eine wirklich geniale Musik-Diagnostikerin. Keiner kann es einstweilen mit ihr aufnehmen. Sie selbst schreibt dazu im Konzertprogramm:

F. Chopin, „Nocturne" Nr. 20B in C# - Moll

Eine gelöste schizophrene Konstellation

In Chopins Biographie können wir etwas über seine schizophrene Konstellation nachlesen: seine Freunde erzählten oft Anekdoten bezüglich seines merkwürdigen Verhaltens (speziell seine Humor-Wechsel).

Unter Beachtung von Chopins Musik-Stil, deuten diese scheinbar unbedeutenden Eigenschaften – welche wir von ihm selbst eingebracht vorfinden – auf eine gigantische Revolution: Ich spreche hier von der Überwindung der Tonal-Harmonie, sukzessiv ausgearbeitet durch Debussy und kodifiziert durch Schönberg.
Dank Chopins Fähigkeit zu komponieren können wir in dieser Nocturne die beiden aktiven SBS einer von beiden Händen gespielten schizophrenen Konstellation wiedererkennen.

Chopin demonstriert dies, indem er das Verhalten der beiden Hamerschen Herde in Übereinstimmung mit dem Gesetz der Zweiphasigkeit perfekt wiedergibt. Von den beiden Händen (rechter HH – linke Hand; linker HH – rechte Hand) werden in dieser Nocturne die beiden Hamerschen Herde verkörpert, welche sich gemeinsam aber unter- schiedlich bewegen, was wiederum etwas "Seltsames" erzeugt, das wir zum Beispiel als psychotische Attacken, Paranoia, Stimmenhören und anderes interpretieren könnten. Es ist sozusagen der sogenannte "Wahnsinn".

Verblüffenderweise zeigt Chopin in dieser Nocturne seine eigenen zwei Hamerschen Herde durch die Überlagerung zweier verschiedener Takte (über 4/4 = controtempo; rechter HH über linken HH = Schizophrenie). Aber nicht nur das: durch die fortschreitende Verdünnung des musikalischen Geflechts zeigt er auch die Reduzierung der Konfliktmasse.

Dargeboten von Prof. Giovanna Conti

Für uns Germanische Heilkundige sind natürlich die Entdeckungen von Giovanna Conti, vorausgesetzt sie stimmen so, eine ganz aufregende Entdeckung.
Früher wußten wir in der Psychiatrie eigentlich überhaupt nichts. Alles war Spekulation. Die Germanische hat uns gelehrt, daß es diese (Revierbereichs-)Konstellationen gibt, nämlich je ein HAMERscher HERD in ca-Phase auf der rechten und gleichzeitig auf der linken corticalen Großhirnseite. Wir haben sie auf der psychischen Ebene – eben als schizophrene Konstellation –, auf der Ebene des Gehirns und auf der Ebene der Organe feststellen können. Es ist natürlich höchst aufregend, sich vorzustellen, daß wir solche Konstellationen auch in der Musik als Archaische Melodien® feststellen können.
Wir wissen auch, daß wir zuerst nur den letzten, hier den dritten Konflikt lösen können, danach den zweiten und zuletzt den ersten Biologischen Konflikt.
Und nun demonstriert uns Chopin, wie er alle drei Konflikte, natürlich asynchron, d. h. nicht gleichzeitig, gelöst zu haben scheint.
Wir wissen auch, daß die Patienten, wenn sie wieder in die Konstellation kommen, wir nennen es Konstellations-Komplettierung, daß sie dann eine akute Psychose erleiden (maximal für zwei bis drei Monate). Das scheint bei Chopin der Fall gewesen zu sein. Aber wir wissen natürlich nicht, ob das dann der zweite und dritte oder der erste und zweite Konflikt war, die die „Wieder-Komplettierung" der Konstellation gemacht haben. Wir wissen ja nicht einmal, ob Chopin Rechtshänder oder Linkshänder gewesen ist (das könnte man vielleicht musikalisch herausfinden, welche Hand er als Pianist bevorzugt hat).
Natürlich könnte er auch alle drei Konflikte gelöst haben, wie es ja hier bei Chopin zu sein scheint.
Daß ein Mensch aus einer „Dreier-Konstellation" alle drei biologischen Konflikte zeitnah in Lösung bringen kann, ist äußerst selten der Fall.
Wie auch immer, wir können von der Musik vielleicht viel lernen – und die Musik von der Germanischen sowieso. Das wird, was die Konstellationen betrifft, eine ganz aufregende Sache, und zwar nur für Profis.
Noch nie waren Heilkunde und Musik so spannend wie heute, letztere durch Giovanna Conti.
Was nun nochmals die Therapie in der Germanischen bzw. in den Sinnvollen Biologischen Sonderprogrammen® der Natur und den Archaischen Melodien® anbelangt, so ist eine Konstellation zwei bis drei Monate nach ihrer Komplettierung „arrangiert", d.h. dann ist der Patient aus der akuten Psychose heraus.
Es fragt sich dann, ob es in solchen Fällen nicht vernünftiger ist, den letzten Konflikt einer Konstellation lieber nicht zu lösen (wenn möglich). Denn eine solche Lösung birgt sofort die Gefahr in sich, bei erneuter Komplettierung der Konstellation auch wieder in die akute Psychose zu geraten. Unsere psychiatrischen Kliniken sind voll von solchen Fällen!

2009 in Norwegen

Die Entdeckung der Germanischen Heilkunde durch den Tod von Dirk

Mein Sohn DIRK starb am 7. Dez. 1978 in meinen Armen in der Chirurgischen Uniklinik Heidelberg. Wir hatten nicht mehr mit seinem Tod gerechnet. Und so traf mich sein Tod „auf dem falschen Fuß".

Im Januar 1979 erkrankte ich an einem Teratom + interstitiellem Hodentumor (so der Pathologiebefund Prof. Bohle, Heidelberg).

Im Februar 1979 ließ ich mich – Schulmediziner, der ich war – auf den Rat von Prof. Bohle ein zweites Mal an den paraortalen Lymphknoten des Bauchraums „prophylaktisch" operieren.

Weil ich aber die Operation 4 Wochen hinausgeschoben hatte, war der ganze Bauchraum offenbar voll mit winzig kleinen Mesotheliom-Stippchen (damals – und auch heute noch – schulmedizinisch Metastasen genannt).
Der Operateur schaute mich nach der OP so seltsam an...
Wenige Wochen später platzte der Bauch an der OP-Narbe auf, und es ergossen sich nach und nach 12 bis 15 Liter tuberkulöser Eiter nach außen.
In dieser Situation faßte ich den einzig richtigen Entschluß, die OP-Narbe offen zu halten und den tuberkulösen Eiter auslaufen zu lassen aus der OP-Narbe, die ich stets offen hielt.
Ich war sehr müde und hatte Nachtschweiß. Aber nach ungefähr zwei Monaten hatte ich das Schlimmste überstanden.

Der Schock (= DHS) beim Tod meines Sohnes Dirk setzte mich auf eine „Gedankenspur". Ich war bis auf einige Bronchitiden/Pneumonien nie ernstlich krank gewesen. Und nun hatte ich Krebs und nur noch weniger als 1% Überlebenschance gehabt. Glücklicherweise hatte das nicht gestimmt. Aber nun wurde ich den Gedanken nicht mehr los: Könnte es bei den anderen „Krebs-Patienten" auch so gewesen sein, daß sie solch einen Konflikterlebnisschock erlitten hatten wie ich, beim Tod meines Dirk?

Die Gelegenheit, dieser meiner Vermutung von der psychischen Ursache des Krebs, auf den Grund zu gehen, erhielt ich 1981 als internistischer Oberarzt einer bayerischen Krebsklinik, die der Münchner Uniklinik angeschlossen war. Als ich dort zu arbeiten begann, lachte man: „Da gehört er auch hin, er sucht sich schon ein Plätzchen zum Sterben." Pietätvollerweise ließ man mich dort (ein halbes Jahr) zufrieden. Man ahnte nichts Böses.

Aufgeschreckt wurden meine Gegner erst, als ich am 5. Oktober 1981 in der RAI und im Bayerischen Fernsehen verkündete, ein neues System für die Entstehung, Lokalisation und den Verlauf des Krebs gefunden zu haben. Den Entstehungsmechanismus nannte ich **D**irk-**H**amer-**S**yndrom® (**DHS**), weil dieser Krebsentstehungsmechanismus nach dem Tod meines Sohnes an mir selbst zum ersten Mal beobachtet wurde, von mir selbst! Seitdem jagt man mich wie einen Hasen übers freie Feld.

Als erster kam der Chefarzt der Klinik zu mir und sagte, ich hätte dieses System ja nur deshalb erfunden, um zu beweisen, daß der Prinz auch an meiner Krebserkrankung schuldig sei, so habe ihm „ein Herr aus München" (Gaub, Anwalt der Familie Savoyen, Duzfreund von F. J. Strauß?) erklärt. Außerdem habe er zwei Stunden mit Mildred Scheel (Präsidentin der Deutschen Krebshilfe) telefoniert und mit Prof. Krokowski (Kassel) und noch mit Münchner Professoren. Und sie alle hätten dringend dazu geraten, den Hamer schnellstens aus der Klinik zu werfen wegen „Verunsicherns von Patienten".

Ich wurde vor die Wahl gestellt, zu widerrufen bzw. zu erklären, ich habe mich geirrt, ansonsten müsse ich sofort gehen. Ich ging.

Vorher bekam ich sogar noch Ärztekasino-Verbot, ganz offiziell von der Klinikleitung, wegen „Verunsicherung des Chefarztes Merkel“, weil er mir vor allen Ärzten versehentlich zugeben mußte, ich könnte vielleicht doch recht haben.

Durch meine intensive Arbeit in der bayerischen Krebsklinik stieg meine Gewißheit, daß jede Krebserkrankung mit einem schweren psychischen Konflikt-Erlebnisschock beginnt, das ich **DHS** nannte (**D**irk-**H**amer-**S**yndrom®).

Es soll jedoch nicht verschwiegen werden, daß es der Hilfe von außen bedurfte, um das System der Krebsentstehung, ja sogar der Entstehung einer jeden sog. Krankheit, vollständig zu begreifen.
Ich scheue mich daher nicht, wahrheitsgetreu wiederzugeben, was im folgenden passierte, auch wenn das vielen Leuten „unwissenschaftlich" vorkommen mag.

Die **E**iserne **R**egel des **K**rebs® (**ERK**) ist das Vermächtnis meines toten Sohnes DIRK. Er hat nicht nur durch seinen Tod den Anlaß gegeben zur Auffindung dieser Zusammenhänge, sondern er hat, so glaube ich, selbst nach seinem Tode noch weit mehr in diese Entdeckung eingegriffen, als man bisher vielleicht vermuten konnte.

Das geschah so:
Als ich im September 1981 zum ersten Mal ein System bei der Genese des Krebs gefunden zu haben glaubte, nämlich das Dirk-Hamer-Syndrom®, da bekam ich, wie man zu sagen pflegt, „weiche Knie". Zu gewaltig erschien mir diese Entdeckung, als daß ich sie selbst zu glauben vermochte.

In der Nacht hatte ich einen Traum: Mein Sohn DIRK, von dem ich oft träumte und mit dem ich im Traum beratschlagte, erschien mir im Traum, lächelte sein gutmütiges Lächeln, wie er oft zu lächeln pflegte, und sagte: „Das, was Du gefunden hast, Geerd, ist richtig, ist vollständig richtig, ich kann es Dir sagen, weil ich jetzt mehr weiß als Du, Du hast es klug herausgefunden.
Es wird eine Revolution auslösen in der Medizin. Du kannst es auf meine Verantwortung veröffentlichen. Aber Du mußt noch weiterforschen. Du hast noch nicht alles herausgefunden, zwei wichtige Dinge fehlen Dir noch."

Ich erwachte und hatte mir jedes Wort unseres Gesprächs gut gemerkt.
Ich war nun beruhigt und von da ab felsenfest davon überzeugt, daß das Dirk-Hamer-Syndrom® zutreffend sei. Bis dahin hatte ich etwa 170 Patienten untersucht. Ich rief Herrn Oldenburg vom Bayerischen Fernsehen an, der schon einmal eine kurze Reportage vom Hamer-Skalpell im Mai 1978 vom Chirurgenkongreß in München gebracht hatte. Er kam nach Oberaudorf und machte einen kleinen Film, der am 4.10.1981 in Bayern gesendet wurde, gleichzeitig wurde das Ergebnis im italienischen Fernsehen RAI in einer Reportage ausgestrahlt.

Nun ging ich wie im Rausch daran, weitere Fälle zu untersuchen. Ich wußte genau, daß man mir in Kürze in der Klinik „das Handwerk legen" würde, da meine Ergebnisse der Schulmedizin konträr widersprachen.

Indem ich jetzt immer wieder nicht nur weitere Fälle, nunmehr gezielt, untersuchte, sondern auch die alten Fälle immer wieder durchging, die ich tabellarisch zusammengestellt hatte, machte ich eine gewaltige Feststellung:

Stets hatte z. B. Gebärmutterhals-„Krebs" (in Wirklichkeit kein Krebs, sondern ein Ulcusgeschehen) einen ganz besonderen Konflikt-Erlebnisinhalt, nämlich einen sexuellen.
Brust-Krebs dagegen immer einen allgemein menschlichen, meist sogar einen Mutter-Kind-Konflikt.
Eierstock-SBS einen Verlustkonflikt-Erlebnisinhalt usw.

Diese Erkenntnisse erschienen mir einerseits logisch und andererseits zu vernünftig, als daß ich sie hätte glauben können, denn sie waren nicht nur gegen die bisherige Vorstellung der Schulmedizin, sondern sie stellten die ganze Medizin auf den Kopf, denn es bedeutete ja nichts anderes, als daß die Psyche definieren würde, wo der Krebs entsteht!

Da bekam ich erneut „weiche Knie". Die ganze Sache erschien mir drei Nummern zu groß für mich.

In der folgenden Nacht träumte ich wieder und ich sprach im Traum wieder mit meinem Sohn DIRK. Er lobte mich und sagte: „Donnerwetter, Geerd, das hast Du aber rasch herausgefunden, sehr gut hast Du das gemacht."
Dann lächelte er wieder sein unvergleichliches Lächeln und sagte: „Nun fehlt Dir nur noch eins, dann hast Du alles gefunden. Du darfst noch nicht aufhören. Du mußt noch weiterforschen, aber Du wirst es sicher auch noch finden."

Jeden folgenden Fall untersuchte ich jetzt auf die mir bekannten Kriterien und stellte fest, daß sie in jedem folgenden Fall exakt eintrafen. DIRK hatte also recht gehabt. Ich recherchierte nicht nur alle zurückliegenden Fälle, von deren jedem ich ein Protokoll angefertigt hatte, vorwärts und rückwärts, sondern auch besonders die sog. „schlafenden Karzinome", sowie die folgenden Fälle.

Das Geheimnis der Zusammenhänge des Krebsgeschehens – und wie man im folgenden sieht, wohl der gesamten Medizin, das hatte ich schon im Sommer 1981 erkannt – lag in dem Verständnis der „schlafenden Karzinome".
Damals sagte ich zu meinen Kollegen: „Wenn wir herausgefunden haben, warum sie schlafen, haben wir das Geheimnis des Krebs entdeckt."
Die Kollegen tippten sich an die Stirn und hielten mich für einen Spinner. Sie konnten nicht verstehen, daß der Hamer durch alle Abteilungen der Klinik forschte und nach „schlafenden Karzinomen" suchte, und dem, was sie wohl gemeinsam haben könnten.

Sigrid kurz vor Dirks Geburt in Marburg.
Linkes Bild, mit unserem alten DKW
Rechtes Bild, auf dem Marburger Marktplatz

Es wurde ein Wettlauf um Stunden. Ich wußte genau, daß mir das Verbot unmittelbar bevorstand, überhaupt keine Patienten mehr untersuchen zu dürfen. In meinem letzten Wochenenddienst untersuchte ich deshalb „quasi Tag und Nacht". Aber da dämmerte mir plötzlich eine geradezu atemberaubende Erkenntnis:

In den Fällen, in denen die Patienten überlebt hatten, war immer der Konflikt ausgeräumt gewesen; andererseits war der Konflikt nicht gelöst worden bei den Fällen, die gestorben waren oder deren Verlauf progredient war.

Ich hatte mich ja nun schon daran gewöhnt, einiges für richtig zu halten, was die Kollegen, mit denen ich darüber zu sprechen versuchte, schlicht als Unsinn bezeichneten und auch gar nicht näher wissen wollten. Aber diese Erkenntnis war nicht nur drei, sondern gar zehn Nummern zu groß für mich. Ich war völlig aufgelöst und hatte buchstäblich wieder weiche Knie. In diesem Zustand konnte ich die nächste Nacht gar nicht mehr erwarten, wo ich meinem Lehrer DIRK meine Schulaufgaben vorlegen wollte.

Wieder träumte ich von meinem DIRK, genauso deutlich wie die letzten Male. Diesmal war er geradezu ausgelassen vor Bewunderung, lächelte anerkennend und sagte: „Das hätte ich nicht für möglich gehalten, daß Du so schnell darauf kommst. Ja, es ist richtig. Jetzt hast Du alles. Nichts fehlt Dir mehr. Ganz genau so verhält es sich. Du kannst es jetzt alles zusammen auf meine Verantwortung veröffentlichen, ich verspreche Dir, Du wirst Dich nicht blamieren, denn es ist die Wahrheit!"

Als ich am nächsten Morgen aufwachte und den Traum deutlich vor mir sah, waren meine letzten Zweifel wie weggefegt. Meinem DIRK hatte ich noch immer glauben können, und jetzt, wo er tot war, erst recht.

Dirk im Schwimmbad in Tübingen

Dirk mit seiner großen Schwester Birgit

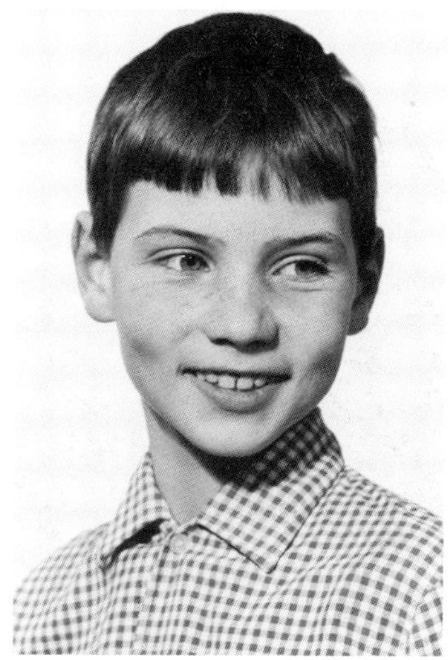

Charming-Boy Dirk

Dirk 1964 im Nordschwarzwald in seiner heiß geliebten Lederhose. Außer der kurzen Lederhose hatte er noch eine $^{3}/_{4}$-lange aus kräftigem Hirschleder. Sein großes Vorbild war Boxerhündin Maja mit ihrem „Alleskittel“, ihrem Fell, „Maja ist ein Haufen Glück mit Fell überzogen“ das sie Winters und Sommers tragen konnte. So sah man Dirk nie ohne eine seiner beiden Lederhosen die nicht zerreißen konnten und die auch ruhig „stehen konnten vor Dreck“. Dirk kam dann mitsamt Lederhose unter die Dusche. Anschließend waren beide wieder „wie neu“. Die Lederhose wurde dann eine halbe Stunde auf die Leine in die Sonne gehängt, bis Dirk es nicht mehr aushalten konnte und sie noch halb feucht wieder anzog. Der Rest trocknete dann am Körper.

Dirk und sein kleiner Bruder Bernd auf der Fahrt von Hamburg nach Sylt

Links: Dirk der Tiernarr mit 17. Er hatte das Lämmchen vor dem Metzger gerettet. Es lief ihm immer nach, wie früher sein Entenküken Schnatt. Das Lamm war an die Boxerhunde gewöhnt. Sie paßten auf das Lämmchen auf. Dirk ließ es weiden. Er konnte dann in Ruhe ein Schläfchen machen. Kein Hund oder Mensch hätte sich dann an das Lämmchen herangetraut.
Mitte: Dirk und Gunhild mit ihren Freunden in Heidelberg. Rechts: Dirk mit Boot vor dem von ihm geliebten Positano/Süditalien.

Dirk in seinem letzten Sommer in Heidelberg mit Vater Geerd

Dirk in seinem letzten Sommer in Heidelberg mit seinem kleinen Bruder Bernd

Dirk mit 19, zusammen mit seinem Lieblingsboxer Geerdi, wenige Monate vor seinem Tod

Dirk mit 19 bei der Bootsreparatur in seinem letzten Sommer

Dirk in seinem letzten Sommer 1978

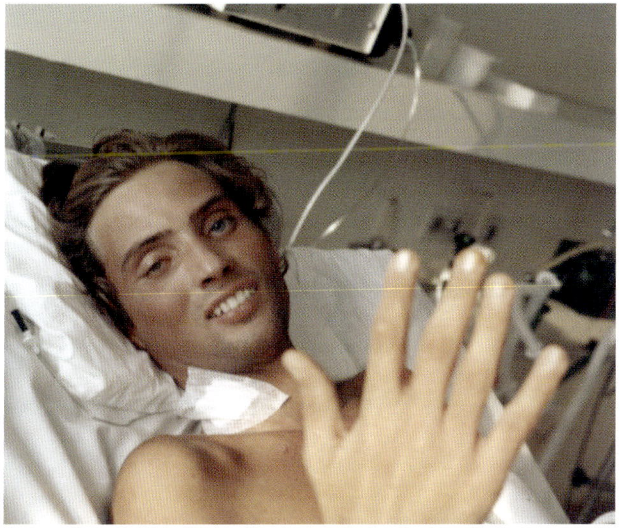

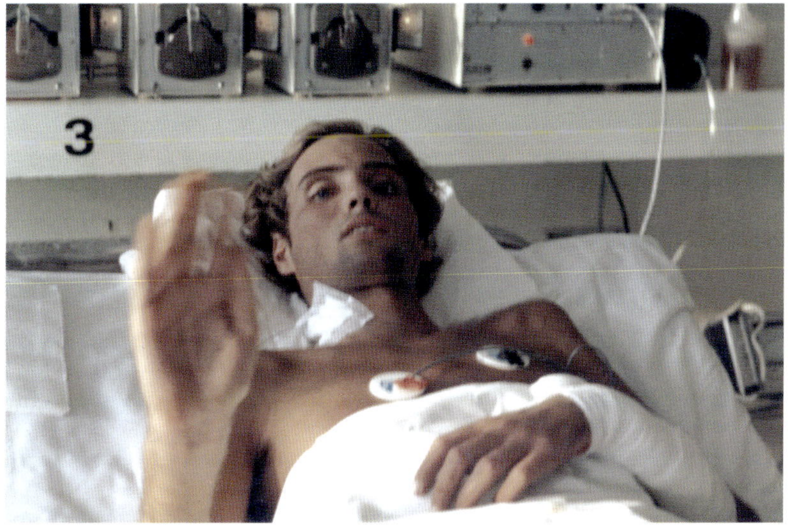

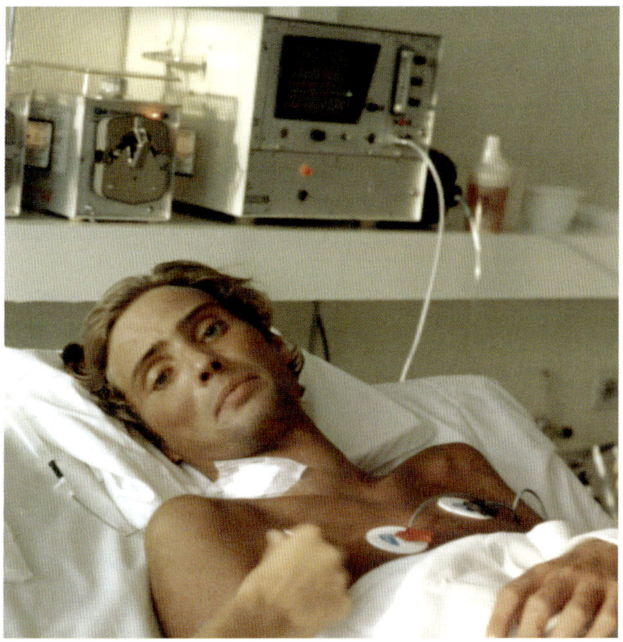

Dirk wenige Wochen vor seinem Tod am 7. Dez. 1978 in der Heidelberger Uni-Klinik.
Jeden 2. Tag wurde er dialysiert. 19 Operationen hat er durchgemacht, einschließlich der Amputation seines rechten Beins.
Schließlich wurde er vom Chef der Klinik auf Bitten der Familie Savoyen mit Morphium gewaltsam umgebracht.

Nach über 30 Jahren

BERLINER KURIER

WWW.BERLINER-KURIER.DE • Montag, 28. Februar 2011 • 0,55 € NR. 58 / 2011 - A11916

Emanuel von Savoyen gestand, den deutschen Arztsohn Dirk Hamer auf seiner Jacht beschossen zu haben.

Königssohn gesteht Mord an Deutschem

Vor einem Mitgefangenen prahlte Emanuel von Savoyen mit der Tat

Dirk hat jetzt endlich seinen Mörder

1978 starb DIRK, im selben Jahr, als Wojtyla Papst wurde. 33 Jahre hatte Dirk offiziell keinen Mörder. Jetzt ist von den italienischen Justizbehörden das Video veröffentlicht worden, das angeblich heimlich in der Zelle des Mörders gedreht wurde und auf dem er gesteht – unter Lachen! –, daß er DIRK ermordet hat, außerdem, daß er die ganze Justiz „angeschmiert" hat.

Ersteres ist also nunmehr durch die eigene Aussage des Mörders bewiesen.
Letzteres stimmt nicht. Sein Glaubensbruder Proselyt Mitterand hatte ihm eigens für diesen Prozeß eine eigene neue Kammer der Cour d´Assise konstruiert, mit drei rabbinischen Richtern: Colomb, David und Jordan.
Dann hatte man so lange gewartet, bis das jüd. Viertel von Paris an der Reihe war, die Geschworenen zu stellen.
Von den Geschworenen des jüd. Viertels konnten die Anwälte des Mörders noch die Hälfte ablehnen, so daß zum Schluß nur noch 100%ige Glaubensbrüder als Geschworene mitwirkten.
Der Mörder hat also nur die Familie des Opfers „angeschmiert".

Selbstbildnis eines „80jährigen", der gleichwohl erst 18 war. Dirk malte dieses ganz und gar ungewöhnliche Bild mit 18, kurz vor seinem Tod oder Mord mit 19. Daß er sich selbst gemalt hat, erkennt man an seinem „Markenzeichen", dem blau-weiß geringelten T-Shirt unter der Jacke.

Hat sich Dirk als 18jähriger, was völlig ungewöhnlich ist, deshalb als weisen Greis gemalt, um zu sagen, daß er, der mit 19 schon so früh sterben mußte, von einem jüd. Königssohn hingemordet, daß er posthum der weiseste unter allen Menschen werden würde, die jemals gelebt haben? Denn Dirk hat uns das schwierigste lösbare Rätsel der Menschheitsgeschichte gelöst. Nur das Rätsel des Todes bleibt nunmehr noch unlösbar.
Es bedurfte eines wahrhaftigen Menschen, der so jung noch (19) und doch schon so alt und weise war wie auf dem Selbstbildnis, der schon tot und doch so lebendig war, daß er eben dieses größte lösbare Rätsel der Menschheitsgeschichte als einziger Mensch zu lösen vermochte.
Ich verneige mich in Ehrfurcht vor meinem Sohn Dirk, der nach seinem Selbstbildnis zugleich mein älterer Bruder ist.

Was ist ein Sinnvolles Biologisches Sonderprogramm® ?

Ein **S**innvolles **B**iologisches **S**onderprogramm® (SBS) startet bei einem **DHS** (**D**irk **H**amer-**S**yndrom®), einem allerschwersten, hochakut dramatischen und isolativen Konflikt-Erlebnisschock, der uns „auf dem falschen Fuß", also unvorhergesehen trifft – mit dem wir nicht gerechnet haben. Es hat zuerst eine **c**onflikt-**a**ktive sympathicotone Phase (ca-Phase), nach einer **C**onfliktol**L**yse (CL) = Konfliktlösung, dann in der Mitte der pcl-Phase, die sog. epileptische oder epileptoide sympathicotone Krise (Epi-Krise).

Die Germanische Heilkunde mit ihren Sinnvollen Biologischen Sonderprogrammen® und ihren **5 Biologischen Naturgesetzen**® wird von Ignoranten oft fälschlicherweise in die Nähe der Psychologie gestellt. Aber die sog. Psychologie ist eine willkürliche Konstruktion, die in Wirklichkeit gar nicht stimmt.
Sinnvolles Biologisches Sonderprogramm®:
In der Schülermedizin gab es nur sinnlose unbiologische Chaosverläufe, weil alles nach jüdischem Religionsverständnis eingeteilt war in "gutartig" und "bösartig", eine Einteilung, die es in der Biologie natürlich gar nicht gibt.
In der Germanischen Heilkunde ist alles sinnvoll und biologisch und die Sonder- oder Überlebensprogramme haben einen ganz bestimmten Biologischen Sinn. Die Germanische Heilkunde und die jüdisch-christlich-islamischen dogmatischen sog. Offenbarungsreligionen könnten kein größerer Gegensatz sein. Die Germanische Heilkunde hat keine einzige Hypothese (höchstens Arbeitshypothesen). Dagegen hat die Schülermedizin 5000 unbewiesene und unbeweisbare Hypothesen. Prof. Niemitz nennt es einen „amorphen Brei von Hypothesen". Deshalb ist ein Sonder- oder Überlebensprogramm immer **sinnvoll und biologisch oder biologisch sinnvoll**.
Die biologischen Konflikte der Germanischen Heilkunde, die wir sehen und die stets dramatisch und unversehens mit einem DHS beginnen, haben sowohl auf psychischer Ebene einen völlig anderen Verlauf als die Psychologen sich das vorgestellt hatten, nämlich Dauer-Sympathicotonie in der ca-Phase (conflikt-aktive Phase) und Dauer-Vagotonie in der pcl-Phase (= Heilungsphase), als auch – was ja in der Psychologie nicht beschrieben ist – einen synchronen Verlauf im Gehirn und einen synchronen Verlauf im Organ.

Da die **Archaischen Melodien**® alle Sinnvolle Biologische Sonderprogramme® sind, wir aber die Details in den Kompositionen, mangels Erfahrung musikalisch noch nicht differenzieren können, so betrachten wir die Vorgänge in der Germanischen Heilkunde in dem Wissen, daß sie ja mit den **Archaischen Melodien**® identisch sind. Denn der Komponist hat ja mit seinen Noten seinen (gelösten) biologischen Konflikt und seine zugehörigen Organsymptome beschrieben, die wir früher „zwei Krankheiten" genannt hatten und heute zweiphasiges Sinnvolles Biologisches Sonderprogramm® nennen.

Beispiel:
Ein Vater sieht seit 18 Jahren seinen hirnoperierten Sohn alle Woche einen oder zwei epileptische Anfälle (grand mal) bekommen, bei denen er immer Angst hat, daß der Sohn stirbt.
Er erleidet einen solitären alveolären Lungen-Rundherd = ca-Phase, also: solitärer alveolärer Lungenrundherd-Krebs.
Nun hat der Junge mal ein halbes Jahr keine Anfälle. Der Vater hofft, daß es nun vorbei ist mit den Anfällen.
Er kommt in die Lösungsphase. In dieser pcl-Phase (= Regenerations- oder Lösungsphase) beginnt der Lungenrundherd-Krebs, zentral beginnend, tuberkulös zu verkäsen unter Fieber, Nachtschweiß, später tuberkulösem Auswurf, noch später Blutung oder Hämoptoe (sog. Blutsturz) und extremer Müdigkeit.
Diese pcl-Phase hatten wir früher ignoranterweise als eigene Krankheit = „Lungen-Tuberkulose" aufgefaßt.
Wie gesagt, jetzt sehen wir, daß diese beiden Vorgänge ein zweiphasiges Sinnvolles Biologisches Sonderprogramm® sind.

Viele Kompositionen der alten Meister dürften auch solch ein zweiphasiges, z. B. tuberkulöses Geschehen in der pcl-Phase, darstellen: In der ca-Phase solitärer Lungenrundherd (= Todesangst für einen anderen) und in der pcl-Phase = Lungen-Tuberkulose.
Wir haben aber, wie gesagt, in der Musik noch zu wenig medizinische Erfahrung, um aus dem Werk des Komponisten die psychische und organische Ebene eruieren zu können. Um das demnächst zu können, benötigen wir eine möglichst lückenlose Biographie des Komponisten, die auch seine sog. Erkrankungen enthält und eine möglichst profunde Kenntnis der Germanischen Heilkunde.

Nun gibt es natürlich viele Erscheinungsformen der Sinnvollen Biologischen Sonderprogramme® (SBS). Solche, die jahrzehntelang conflikt-aktive Phase haben (ca-Phase) und z. B. erst mit den Wechseljahren in Lösung gehen, wenn eine Frau mehr männlich empfindet und vieles dadurch anders sieht als vorher, und es gibt auch häufig rezidivierende Konflikte und solche, die kurze, aber stärkere Rezidive und entsprechend längere Heilungsphasen haben, was wir dann „hängende Heilung" nennen. Aber das ist für dieses Einführungsbüchlein noch zu kompliziert.

Zunächst sollte der Leser mal wissen, was ein Sinnvolles Biologisches Sonderprogramm® (SBS) ist und lernen, daß er das quasi 1 : 1 auf die Kompositionen der alten Meister auflegen kann.

Ist das nicht faszinierend?
Die vielen Details aus den 5 Biologischen Naturgesetzen® und den vielen Regeln der Germanischen Heilkunde, die auf die Kompositionen der alten Meister anzuwenden sind, sind nun ein weites Feld, das wir alle erst miteinander erarbeiten müssen. Um das zu lernen, müssen die Heilkundigen Musiker und die Musiker Heilkundige werden.

Damit die Musiker wissen, was sie in der Germanischen Heilkunde erwartet, habe ich im nachfolgenden eine kleine Zusammenstellung der Germanischen gemacht. Für die Heilkundigen ist es vermutlich sehr viel schwieriger, die Detailkenntnisse der Musik und des Komponierens zu verstehen, um die **Archaischen Melodien**® und die Sinnvollen Biologischen Sonderprogramme® im Detail zur Kongruenz zu bringen.

Ich glaube aber, für einen heilkundlich interessierten Musiker und einen musikalisch interessierten Heilkundigen kann es kaum ein aufregenderes Metier geben.

Es bricht eine neue Zeit an, in der die reine Musikästhetik und die Fingerfertigkeitsakrobatik weniger gefragt sind als das tiefe Verständnis für die Persönlichkeit unserer alten Meister. Gerade für uns Deutsche aus dem Volk der Dichter und Denker, der **Musiker**, Erfinder und Entdecker müßte es eine besondere Ehre und Verpflichtung sein.

Die Germanische Heilkunde – Die kosmische Weltformel

Die Germanische Heilkunde mit ihren 5 Biologischen Naturgesetzen® und ihren Sinnvollen Biologischen Sonderprogrammen der Natur®

Die Germanische Heilkunde (Germanische Neue Medizin®), die 1981 entdeckt wurde, ist eine strenge Naturwissenschaft, die einzig 5 Biologische Naturgesetze® hat und keine Hypothese. Sie beschreibt exakt die medizinisch-biologischen Zusammenhänge des lebenden Organismus als Einheit von Psyche, Gehirn und Organ. In der Germanischen Heilkunde wäre der Gedanke absurd zu fragen, ob vielleicht psychische Vorgänge körperliche Vorgänge „auslösen" könnten. In der Germanischen Heilkunde ist ein psychischer Vorgang gleichbedeutend mit einem parallel und synchron ablaufenden cerebralen Vorgang und ebenfalls synchron mit einem körperlich-organischen Vorgang. Alle Vorgänge von Psyche und Organ sind durch das Gehirn verbunden und werden dort koordiniert.

Das Gehirn ist quasi der große Computer unseres Organismus, die Psyche wird zum Programmierer, Körper und Psyche wiederum gemeinsam das Erfolgsorgan des Computers, sowohl bei optimaler Programmierung als auch bei einer Störung des Programms. Denn es ist keineswegs nur so, daß die Psyche Gehirn und Organ programmiert, sondern das Organ vermag auch bei Verletzungen quasi eine automatische Programmierung des Gehirns und der Psyche zu induzieren. Dadurch unterscheidet sich die Germanische Heilkunde grundlegend von allen bisherigen medizinischen Richtungen, insbesondere der sog. Schulmedizin.

Zum ersten Mal in der Medizingeschichte gibt es nun eine naturwissenschaftliche Medizin, mit der man jeden beliebigen Patientenfall streng naturwissenschaftlich reproduzieren kann. Dies wurde am 8. u. 9. September 1998 an der Universität Tyrnau / Trnava (Slowakei) demonstriert und amtlich verifiziert!

TRNAVSKÁ UNIVERZITA
Hornopotočná 23, 918 43 Trnava

BESTÄHTIGUNG

Am 8.9. u. 9.9.1998 wurde am Onkologischem Institut Hl. Elisabeth in Bratislava und Onkologischen Abteilung des Krankenhauses in Trnava sieben Patientenfälle mit ingesamt mehr als 20 einzelnen Erkrankungen in Gegenwart des Prorektors der Universität Trnava, des Dekans der Fakultät für Pflegewesen und Sozialwesen der Universität Trnava und ingesamt 10 Dozenten und Professoren untersucht (ärztliche Protokolle von diesen Fällen, die durch Dr. Hamer gemacht wurden, sind in der Beilage). Es sollte festgestellt werden, ob nach naturwissenschaftlichen Regeln der Reproduzierbarkeitsprüfung die Verifikation seines Systems festgestellt werden konnte.

Dies war der Fall.

Von den jeweils etwa 100 Fakten, die man bei jeder Einzelerkrankung nach den Regeln der "Neuen Medizin" abfragen kann, konnten zwar in Ermangelung vollständiger Untersuchungsbefunde nicht alle Fakten abgefragt werden, aber die abgefragten Fakten zeigten, dass alle Naturgesetze der "Neue Medizin" erfüllt waren.

Die untergezeichneten nehmen deshalb mit hoher Wahrscheinlichkeit als gesichert an, dass seine Präsentation in zwei Überprüfungskonferenzen bewies sein System mit gröster Warscheinlichkeit. Wir schätzen sehr hoch das menschliche, ethische und geduldige Engagement Dr. Hamers und seinen neuen ganzheitlichen Zutritt zum Patienten. Nach Berücksichtigung aller dieser Faktoren, haben wir den Eindruck gewonnen, dass die Frage der möglichts baldigen Anwendung der "Neuen Medizin" dringend weiterverfolgt werden sollte.

Trnava 11.9.1998

prof.MUDr.J.Pogády,DrSc, Prof.f.Psychiatrie, Vors.der Kommission ....

prof.MUDr.V.Krčméry,DrSc, Dekan der Fakultät ....

doc.RNDr.J.Mikloško,DrSc, Prorektor f.Forschung ....

Telefón: 0805 / 277 38 Fax: 0805 / 214 83

Dr. med. Ryke Geerd Hamer Trnava, 11. September 1998

Erklärung

zur Bestätigung der Universität Trnava
über die erfolgte Verifikation der Neuen Medizin vom 11.09.98

Seit dem 11. September 1998 ist die am 8. und 9. September erfolgte Verifikation der Neuen Medizin amtlich von der Universität Trnava (Tyrnau) bestätigt.
Unterschrieben haben dieses Dokument der Prorektor (Mathematiker), der Dekan (Onkologe) und der Vorsitzende der wissenschaftl. Kommission, Professor für Psychiatrie.
Deshalb ist auch an der Kompetenz der Unterzeichneten wohl kein Zweifel möglich.

Die Universitäten in Westeuropa - vor allem die Universität Tübingen - haben sich seit 17 Jahren strikt geweigert, eine solche angebotene naturwissenschaftliche Überprüfung durchzuführen.

Obwohl in den vergangenen Jahren schon viele Ärzte die Verifikation dieser Naturgesetze der Neuen Medizin in 26 öffentlichen Überprüfungskonferenzen durchgeführt haben, bei denen auch stets alle Fälle exakt gestimmt haben, wurden diese Dokumente (sogar notariell beglaubigte) nicht anerkannt. Immer und überall wurde „argumentiert", solange diese Überprüfung nicht durch eine Universität amtlich durchgeführt sei, zähle sie nicht - und solange dies nicht geschehen sei, sei die Schulmedizin „anerkannt".

Die Neue Medizin, die aus 5 Biologischen Naturgesetzen - ohne zusätzliche Hypothesen - besteht und für Mensch, Tier und Pflanze gleichermaßen gilt, ist so klar und logisch kohärent, daß man sie leicht, wie man sieht, redlich und gewissenhaft schon immer am nächstbesten Fall hätte überprüfen können und natürlich überprüfen müssen, wenn man nur gewollt hätte.

Rufmord, Medienkampagnen und Medienhetze oder Berufsverbot sowie div. Attentatsversuche und angedrohte Zwangspsychiatriesierungen (*wegen Realitätsverlusts*), bis hin zur Inhaftierung *(wegen drei mal unentgeltlichen Informierens über die Neue Medizin [dafür habe ich über 1 Jahr im Gefängnis gesessen])* ersetzen nicht wissenschaftliche Argumente, um einen wissenschaftlichen Gegner zu widerlegen. War nicht die Erkenntnisunterdrückung - wie man jetzt erkennen kann - nur Ausdruck blanker Gewalt, um Macht und Besitzstände der alten Medizin aufrecht zu erhalten?

Die Neue Medizin ist die Medizin der Zukunft.
Ihre weitere Verhinderung macht das Verbrechen an der Menschheit täglich noch größer!

In offiziellen Statistiken wie der des Deutschen Krebsforschungszentrums Heidelberg, ist immer wieder nachzulesen, daß von den schulmedizinisch mit Chemo behandelten Patienten nach 5 Jahren nur noch ganz wenige am Leben sind.

Die Staatsanwaltschaft Wiener Neustadt mußte demgegenüber zugeben, daß von den bei der Hausdurchsuchung des „Zentrums für Neue Medizin, in Burgau" beschlagnahmten 6.500 Patientenadressen (davon die meisten Patienten an fortgeschrittenem Krebs erkrankt) auch nach 4 bis 5 Jahren noch über 6000 am Leben waren (über 90 %).

Nun ist die Forderung (Überprüfung durch eine Universität) erfüllt. Jetzt haben die Patienten ein Recht darauf, daß das *grausigste und schlimmste Verbrechen der Menschheitsgeschichte* endlich beendet wird, und daß alle gleichermaßen die Chance erhalten, offiziell nach den 5 Biologischen Naturgesetzen der Neuen Medizin gesund zu werden.

Dazu rufe ich alle redlichen Menschen auf und bitte sie um Ihre Mithilfe.

Dr. Hamer.

Wir hatten bis dato die Medizin weitgehend weltanschaulich-theologisch gesehen, als Kampf des Bösen mit dem Guten, des Krankmachenden mit dem Gesundhaltenden. Wir sahen die sog. „Krankheiten" als Pannen der Natur, als Insuffizienzen der Organe, auch als Strafe Gottes. Wir sprachen deshalb von „bösartigem Wachstum" und „gutartigem Wachstum". Wir stellten uns vor, daß Krebszellen und Mikroben Armeen des Bösen oder des Bösartigen seien, die wir durch eine Armee des Gutartigen (z. B. Immunsystem) bekämpfen müßten, mit Hilfe guter Ärzte und vieler guter Medikamente, Operationen, Bestrahlungen etc. Wir glaubten sogar, wir müßten den Teufel mit dem Beelzebub austreiben oder exorzieren, den Krebs mit schlimmstem Zellgift bekämpfen (Chemo).
Die Medizin war einem großen Irrtum aufgesessen, deshalb hatten wir früher nie ein System in der Medizin finden können.

Die Germanische Heilkunde gilt für Mensch, Tier und Pflanze, ja sogar für das einzellige Lebewesen – für den gesamten Kosmos. Und sie gilt für alle sog. Krankheiten – (außer: Verletzungen, Vergiftungen und sog. Mangelerkrankungen, z. B. Skorbut, durch Vitamin C-Mangel) – denn sie sind jeweils nur Teile eines normalerweise zweiphasigen Sinnvollen Biologischen Sonderprogramms der Natur® (SBS), und sie verlaufen alle nach diesen 5 Biologischen Naturgesetzen® der Germanischen Heilkunde.
Der Auslöser eines jeden SBS, früher Teile von „Erkrankungen" genannt, ist immer ein Biologischer Konflikt, ein hochdramatisches Schockerlebnis – DHS genannt.

Das 1. Biologische Naturgesetz: Die Eiserne Regel des Krebs® (ERK)

1. Kriterium:

Jedes Sinnvolle Biologische Sonderprogramm der Natur® (**SBS**) entsteht mit einem **DHS** (Dirk-Hamer-Syndrom®), d. h. einem allerschwersten, hochakut dramatischen und isolativen Konflikt-Erlebnisschock, gleichzeitig auf den drei Ebenen: Psyche – Gehirn – Organ.
Das DHS ist ein schwerer, hochakut dramatischer und isolativer Konfliktschock, der das Individuum „auf dem falschen Fuß erwischt", aber zugleich auch eine Chance der Natur, die Panne wieder wettzumachen. Denn in diesem Moment wird ein Sonderprogramm eingeschaltet, praktisch synchron: In der Psyche, im Gehirn und am Organ und ist auch dort feststellbar, sichtbar und meßbar! Die unvermutete Art des Einschlagens ist dabei von größerer Bedeutung als die „psychologische Inhaltsbewertung" des Konfliktes. Es ist auch immer ein konfliktives Erlebnis, nicht etwa ein Schicksalsschlag oder ein Ereignis, an dem der Betroffene ohnehin nichts hätte ändern können.

Exakt vom DHS an hat der Patient einen Dauerstreß, d. h., er hat ganz kalte Hände und Füße, er denkt Tag und Nacht über seinen Konflikt nach, und versucht ihn zu lösen. Er kann nachts nicht mehr schlafen und wenn, dann nur in der ersten Hälfte der Nacht, halbstundenweise, er hat keinen Appetit mehr, er nimmt an Gewicht ab. Er denkt tagsüber an – und träumt nachts von seinem Konflikt-Problem. Und trotzdem liegt ja der Biologische Sinn (außer in der mesodermalen Großhirngruppe) stets in der ca-Phase!
Und ohne das SBS, das mit dem DHS eingeschaltet wird, könnten wir unsere Biologischen Konflikte nicht lösen.

*Dieses Sportfoto veranschaulicht, wie ein Torwart „auf dem falschen Fuß erwischt" wird und konsterniert dem abgefälschten Ball nachschaut, den er im anderen Eck erwartet hatte.
Er kommt nicht mehr vom falschen Fuß weg.
Das ist die typische Situation beim DHS.
Das Individuum wird „auf dem falschen Fuß erwischt."*

2. Kriterium:

Der Biologische Konflikt bestimmt im Moment des DHS sowohl die Lokalisation des SBS im Gehirn als sog. HAMERscher HERD, als auch die Lokalisation am Organ als Krebs oder Krebsäquivalent (alles, was nicht Krebs ist, ist Krebsäquivalent – damit sind alle sog. Krankheiten gemeint).
Es gibt keinen Konflikt an sich, sondern jeder Konflikt hat einen ganz bestimmten Inhalt und dieser definiert sich in der Sekunde des DHS. Der Konfliktinhalt ergibt sich assoziativ, d. h. durch unwillkürliche Gedankenzuordnung und meist am Filter unseres Verstandes vorbei. Man denkt, daß man denkt, in Wirklichkeit hat der Konflikt in Sekundenschnelle schon eingeschlagen, bevor man anfängt zu denken. Dieser unerwartete Schock hinterläßt im Gehirn Spuren, die man mit Hilfe der Computertomographie (CT) des Gehirns fotografieren kann.
Ein solches Relais nennt man einen Hamerschen Herd (HH).
Diese HHe sehen wie konzentrische Ringe einer Schießscheibe aus oder wie das Bild einer Wasseroberfläche, in die man einen Stein hat plumpsen lassen.

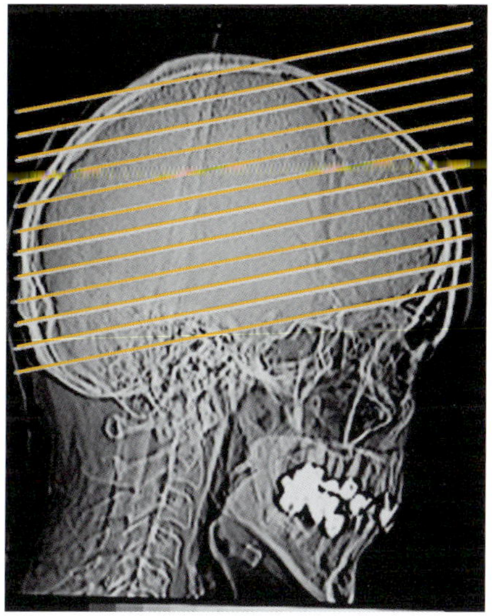

*Das Computertomogramm (CT) = Röntgenschicht-Verfahren:
Es liefert Röntgenaufnahmen des Gehirns auf mehreren parallelen Ebenen. Das Standard-Gehirn-CT liefert 20 bis 30 fotografische „Schnitte“ durch das Gehirn.*

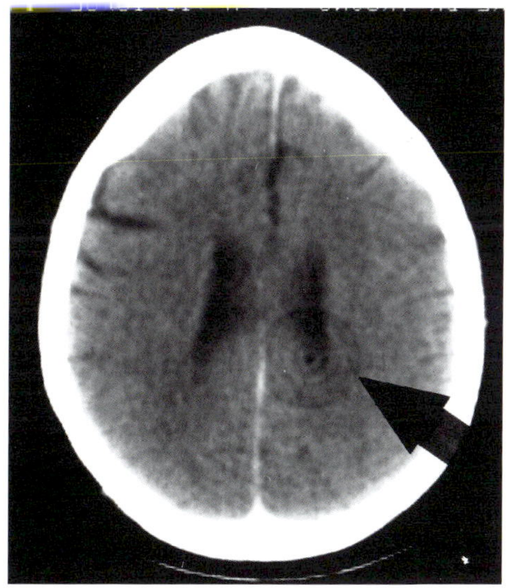

*CT mit HH in beginnender Lösungsphase.
Das heißt also, zu jedem Konfliktinhalt gehört ein ganz bestimmtes SBS und eine ganz bestimmte Stelle im Gehirn. Aber das Faszinierende in der Germanischen Heilkunde ist ja, daß wir nicht nur die Art des Biologischen Konfliktes bzw. den Konfliktinhalt aus dem CT des Gehirns sofort festlegen können oder welches Organ betroffen ist, und ob eine Zellvermehrung oder Zellverminderung stattfindet, sondern auch gleichsam kriminalistisch herausfinden können, ob die Konflikte in der* ***c****onflikt-***a***ktiven Phase (ca-Phase) oder bereits in der Lösungsphase (pcl-Phase =* ***p****ost-***c****onflicto-***L****ytische Phase) sind.
In diesem Fall handelt es sich um einen übergreifenden HH betreffend das Marklager (Selbstwerteinbruch-Konflikt) und das postsensorische Rindenfeld (was wir Rheuma nennen).*

3. Kriterium:

Der Verlauf des SBS auf allen drei Ebenen (Psyche, Gehirn, Organ) – vom DHS bis zur Konfliktlösung (Conflictolyse = CL) und epileptischer / epileptoider Krise auf dem Höhepunkt der pcl-Phase und Rückkehr zur Normalisierung (Normotonie) – ist synchron!
Durch den Dauerstreß = Sympathicotonie, die ja im Prinzip etwas Eingeplantes ist, kommen jetzt die Kommunikationsleitungen der Hirnnerven in zunehmendem Maße zu Schaden, d. h., es wird ein immer größeres Areal betroffen oder das einmal betroffene Areal intensiver alteriert. Gleichzeitig schreitet auch der Krebs am Organ fort, das Körperorgan wird durch den Krebs vergrößert, verkleinert oder jedenfalls verändert.
Das heißt:
Wird der Konflikt stärker, werden auch die Auswirkungen am Organ stärker, schwächt sich der Konflikt ab, schwächt sich das auch auf den anderen Ebenen ab. Löst sich der Konflikt, dann ist auch auf allen drei Ebenen Konfliktlösung. Kommt ein Rezidiv, d. h., kommt der Konflikt zurück, ist wieder auf allen drei Ebenen ein Rezidiv.
In der Sekunde des DHS kann aber noch mehr passieren, denn in dieser Sekunde werden auch die Schienen gelegt. Schienen sind zusätzliche Konfliktaspekte oder zusätzliche Wahrnehmungen im Augenblick des DHS. Denn Mensch und Tier „bemerken“ in der Sekunde des DHS – ohne daß sie sich dessen bewußt sind – auch die Begleitumstände wie bei einer Blitzlicht-Momentaufnahme, dazu auch Töne oder Laute, Gerüche, Empfindungen aller Art und Geschmackssensationen, und sie behalten diese Aufzeichnungen praktisch lebenslang. Kommt der Patient später auf eine solche Schiene, dann kann daraus ein Rezidiv des Gesamtkonflikts resultieren.
Wenn dem Patienten die Lösung seines Biologischen Konfliktes gelingt, kommt er in die zweite Phase des Sonderprogramms, in die pcl-Phase. Denn exakt mit Beginn der Lösungsphase beginnt der Organismus mit der Reparatur der Schäden – sei es eine Zellvermehrung oder eine Zellverminderung am Körperorgan und natürlich auch des betroffenen Hirnrelais. Und je länger der Konflikt gedauert hat, umso größer sind bzw. je länger dauern auch die Reparaturen.
Mit Beginn der Konfliktlösung schaltet der Organismus wieder um, von der Streßphase in die Ruhephase = Vagotonie genannt.

Auf der Organebene sehen wir nun das, was bisher als das Wichtigste galt: Der Krebs stoppt! Und auf der Gehirnebene sehen wir parallel dazu, daß der Hamersche Herd nun Ödem bekommt.

Die Schienen

Schienen sind immer zusätzliche Konfliktaspekte im Zusammenhang mit einem DHS, d. h. die Umstände, die in der Sekunde des DHS mit assoziiert werden. Doch nur der Patient selbst kann uns verraten, wie er den Konflikt speziell in dieser Sekunde des DHS empfunden hat, d. h. auch mit welchen Details (= Schienen).

Wenn ein Individuum einen biologischen Konflikt durch ein DHS erleidet, dann wird im Moment des DHS nicht nur der Konflikt selbst engrammiert, sondern auch gewisse Begleitumstände. Das Individuum merkt sich nicht nur kleinste Einzelheiten im Moment des DHS, wie bei einer Blitzlicht-Momentaufnahme, dazu auch Töne oder Laute, Gerüche, Empfindungen aller Art, Geschmackssensationen. Dies können auch Menschen, Tiere, Orte oder bestimmte Farben oder Geräusche sein, und es behält diese Aufzeichnungen praktisch lebenslang. Kommt ihm später einer dieser Begleitumstände wieder vor, dann kann der ganze Konflikt als sog. Rezidiv wiederkehren.
Das bedeutet, außer der eigentlichen DHS-Schiene gibt es auch noch sog. Nebenschienen, also Begleitumstände oder Begleitmomente wesentlicher Art, die zum Zeitpunkt des DHS dem Individuum als wesentlich in Erinnerung geblieben sind. Wichtig ist zu wissen, daß man von einem solchen Nebenschienenstrang immer auf die Hauptschiene auffahren kann. Daher der Name Schiene.
Wir heutigen, durch unsere Zivilisation verbildeten Menschen, empfinden dieses „Schienen-Denken" geradezu als „krankhaft", wir sprechen dann von Allergie, die es zu bekämpfen gelte.
Die Schienen in der Germanischen Heilkunde bedeuten, daß ein Patient, egal ob Mensch oder Tier, der einmal einen biologischen Konflikt erlitten hat, sehr leicht wieder auf eine Schiene gerät, wenn es zu einem Rezidiv kommt. Das Rezidiv kann dabei sogar aus nur einer Komponente des Konfliktes bestehen. Schon das genügt, um das volle Konfliktrezidiv auszulösen. Solche Konfliktrezidive verlaufen an unserem intellektuellen Verstehen vorbei. Wir können sie nur intuitiv erfassen und vermeiden.

Zugegeben, es ist oft gar nicht leicht, das zu vermitteln, vor allem bei Patienten, die die Germanische Heilkunde nicht begreifen wollen oder können, ist es mitunter vergebliche Liebesmühe. Wir müssen daher eine ganz neue Dimension des Denkens kennenlernen, eine Art des intuitiven, biologischen Erfassens.
In der Biologie herrschen Gesetze, die wir, seit wir uns angewöhnt haben, „psychologisch" zu denken, nicht mehr verstehen konnten, die wir jedoch, wenn wir wieder gelernt haben, biologisch, d. h. assoziativ zu denken, sehr gut begreifen können.
Zu dieser biologischen Art zu denken, gehört das Verständnis der Konflikt-Schienen.
Die biologischen Konflikte holen uns in die rauhe Wirklichkeit zurück, besonders das Tier. Aber auch im Grunde für uns Menschen geht es ja, biologisch gesehen, eigentlich dabei stets um Leben oder Tod!

Ein Beispiel:
Jemand sagt zu einem Menschen im Verlauf einer Auseinandersetzung: „Du dreckiger Lump." Die beschimpfte Person empfindet das evtl. als einen häßlichen unverdaulichen Konflikt und reagiert mit einem Sigma-Ca. Mögliche Schienen können sein:

1. die Person, die das gesagt hat,
2. die Art und Weise, wie es gesagt wurde,
3. der Ort, an dem es gesagt wurde,
4. das schmerzliche eigene Eingeständnis, daß der „Ankläger" ja damit recht gehabt hat,
5. auch die bei dem Streit anwesenden Personen können Schienen sein
6. oder wenn es in einem Restaurant, einer Firma oder Cafeteria geschehen ist, können die gerade verzehrten Speisen „Schienen" sein, dann heißt es später: „Ich bin allergisch auf ...."
7. sogar eine eventuelle Hintergrundmusik kann „Schiene" sein.
8. ebenfalls Besonderheiten des Raumes (z. B. Geruch, Beleuchtung) etc. etc. können solche Schienen sein, also quasi alles, woran sich der Patient (eventuell sogar unbewußt) erinnert bzw. was im Moment des DHS Sache war.

Das 2. Biologische Naturgesetz:

Das Gesetz von der Zweiphasigkeit aller Sinnvollen Biologischen Sonderprogramme der Natur® (SBS), sofern es zur Konfliktlösung (Conflikto-Lyse = CL) kommt

Jede „Erkrankung" der gesamten Medizin und Biologie ist ein zweiphasiges Geschehen, sofern es zu einer Lösung des Konfliktes kommt. Wir hatten früher einige hundert „kalte Krankheiten" in unseren medizinischen Lehrbüchern beschrieben und ebenso einige hundert „heiße Krankheiten". Die „kalten Krankheiten" waren solche, bei denen die Patienten kalte äußere Haut, kalte Extremitäten hatten, in Dauerstreß waren, an Gewicht abnahmen, Einschlaf- und Durchschlafstörungen hatten. Der Patient denkt quasi Tag und Nacht an sein Konflikt-Problem.
Die andere Sorte „Krankheiten" waren solche, bei denen die Patienten warme oder heiße Extremitäten, meist Fieber hatten, guten Appetit, aber schlapp und müde waren. Diese machten etwa 90 % unserer sog. „Krankheiten" aus.

Bei den sog. „kalten Krankheiten" hatte man die nachfolgende Lösungsphase übersehen oder als eigene „Krankheit" fehlgedeutet. Bei den sog. „heißen Krankheiten" (die ja stets die pcl-Phase nach vorangegangener conflikt-aktiver Phase darstellten) hatte man eben diese kalte Phase übersehen oder auch als eigene „Krankheit" fehlgedeutet.

Im Gehirn haben beide Phasen natürlich ihren Hamerschen Herd an der gleichen Stelle, allerdings in unterschiedlichem Zustand: In der conflikt-aktiven Phase stets mit scharf markierten Kreisen, sog. Schießscheibenkonfiguration, und in der konflikt-gelösten Phase ist der Hamersche Herd aufgequollen, ödematisiert.

Man könnte sich vielleicht fragen, warum die Mediziner die Gesetzmäßigkeit der Zweiphasigkeit aller Erkrankungen nicht schon lange erkannt hatten, wenn diese doch so schön regelmäßig ist.

Die Antwort ist so einfach, wie sie vorher schwer war: Es lag schlicht daran, daß ja nur ein Teil der Konflikte eine Lösung findet. Wenn der Konflikt nicht gelöst werden kann, bleibt die Erkrankung ja einphasig, d. h., das Individuum bleibt in der Konfliktaktivität, magert immer mehr ab und stirbt schließlich an Entkräftung oder Kachexie.
Die Ausnahme ist der heruntertransformierte hängend aktive Revierbereichs-Konflikt des „Zweitwolfes", der vom Alpha-Wolf besiegt ist und nun einen Zweit- oder Drittplatz im Rudel einnimmt. Diese Zweitwolf-Stellung nennen wir homoerotisch, denn er liebt seinen Besieger und geht für ihn durchs Feuer. Er hat aber mit der Begattung der Wölfinnen nichts mehr zu tun. In diesem Fall hat Mutter Natur einen Dauer-Konflikt zur Sinnvollen Konstruktion des Rudels verwendet.

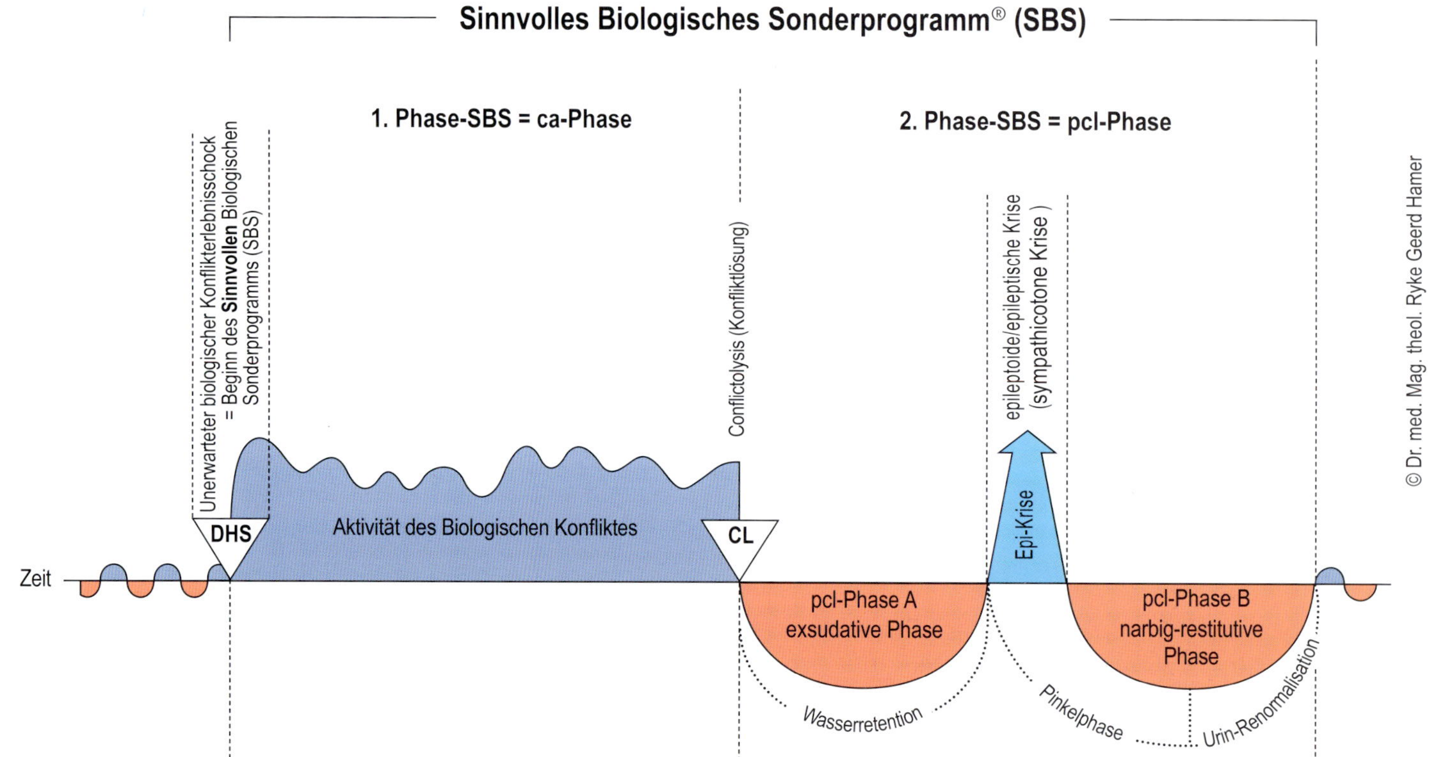

Eutonie = Normotonie
= normaler sympath./ vagotoner Tag/Nacht-Rhythmus

ca-Phase = conflikt-aktive Sonderprogramm-Phase
= **Dauer-Sympathicotonie**

pcl-Phase = post-conflicto-Lyse Sonderprogramm-Phase
Dauer-Vagotonie (außer Epi-Krise = sympath. Krise) **und Ödem**
konfliktgelöste Sonderprogramm-Phase
restitutive Renormalisations-Phase

Eutonie

Integral = Fläche unter der ca-Phasen-Kurve (Dauer mal Intensität des Konfliktes)
\+
Integral = Fläche unter der Epi-Krisen-Kurve

} = Konflikt-Masse

Summe der Integrale über den beiden pcl-Kurven (rot). Diese Summe nennen wir die Lösungs-Masse, die eine große Rolle spielt bei der Abschätzung der Komplikationsmöglichkeiten eines SBS in der pcl-Phase.

Die Summe der Integrale unter der ca-Phasen-Kurve einschließlich des Integrals unter der Epi-Krisen-Kurve, d. h. die Konfliktmasse ist stets gleich der Lösungsmasse, d. h. die blauen Flächen sind zusammen gleich den roten beiden Flächen.

Das Schema zeigt, wie durch das DHS der normale Tag-Nacht-Rhythmus zu einer Dauer-Sympathicotonie geworden ist, der so lange andauert, bis durch die Konfliktlösung die Dauer-Vagotonie eintritt.

Unterbrochen wird diese Dauer-Vagotonie quasi auf dem Tiefpunkt, durch die epileptische bzw. epileptoide Krise oder sympathicotone Zacke, die den Umschlag der vagotonen Phase anzeigt mit der sog. „Pinkelphase", dem Ausschwemmen eines großen Teils der eingelagerten Flüssigkeit. Beendet ist das Sinnvolle Biologische Sonderprogramm® erst mit der Rückkehr zur Normalität oder Normotonie.

Jede Erkrankung, die eine Konfliktlösung hat, hat auch eine conflikt-aktive Phase und eine Lösungsphase = pcl-Phase. Und jede pcl-Phase – sofern sie nicht durch ein conflikt-aktives Rezidiv unterbrochen wird, hat auch eine epileptoide oder auch epileptische Krise, d. h. einen Umschlagpunkt der Renormalisierung, am tiefsten Punkt der Vagotonie. Die epileptoide Krise (EK) ist ein Vorgang, den Mutter Natur seit Jahrmillionen eingeübt hat. Er läuft auf allen drei Ebenen gleichzeitig ab. Sinn und Zweck dieser Krise, die auf dem Höhepunkt der pcl-Phase eintritt, ist, daß das Hirnödem ausgepreßt und ausgeschieden werden soll und der Patient zur Normalität zurückkehrt.

Jedes SBS hat eine spezielle epileptische (motorisch) oder epileptoide (z. B. sensorische) Krise.
Im Fall eines motorischen Konfliktes sprechen wir von einem epileptischen Anfall (= epileptische Krise). Beim Rest der SBS sprechen wir von einer epileptoiden Krise (= Epilepsie-ähnlichen Krise) oder den sog. „Kalten Tagen".
Zunächst ist wichtig zu wissen, daß in der motorisch-epileptischen Krise der quergestreiften Muskulatur zwar auch starke Sympathicotonie besteht, aber im Gegensatz zur sympathicotonen ca-Phase, in der eine Lähmung besteht, sehen wir in der epileptischen motorischen Krise diese tonischen (= Dauerkrämpfe) oder klonischen (= rhythmischen) Krämpfe oder eine Kombination von beiden.
Bei der glatten Muskulatur ist es noch wieder anders:
Da sehen wir in der epileptischen Krise einen lokal begrenzten tonischen Dauerkrampf, den wir früher oft als „Darmverschluß" fehlgedeutet haben, danach folgt der klonische (= rhythmische) Krampf des ganzen Magen-Darmtraktes, was wir Durchfall nennen.
Die kalten Tage der verschiedenen epileptoiden Krisen haben ganz verschiedene symptomatische Verläufe, und je nach Organbetroffenheit (z. B. gesteuert vom sensorischen oder postsensorischen Rindenfeld) kann auch eine Absence[1] mitlaufen.

---

1 Eine Absence kann eine ganz kurze Bewußtseinstrübung von eine oder zwei Sekunden Dauer sein, kann aber auch Minuten, Stunden oder sogar Tage andauern, sogar eine Woche – abhängig von der vorangegangenen Konfliktmasse. Die Absence erkennt man klinisch unschwer daran, daß alle vitalen Funktionen (Atmung, Kreislauf etc.) intakt bleiben, nur das Bewußtsein fehlt. An sich könnte man zuwarten, wenn der Patient nicht unterzuckert ist.

Das, was wir normalerweise einen epileptischen Krampfanfall mit Muskelkrämpfen nennen, ist nur eine spezielle Form der epileptischen Krise, nämlich nach Lösung eines motorischen Konfliktes. Epileptoide Krisen, d. h. epilepsie-ähnliche Krisen findet man grundsätzlich für jede sog. Krankheit, ein bißchen verschieden bei allen sog. Erkrankungen. Hierbei kommt es nicht zu tonisch-klonischen Krampfanfällen wie bei den motorischen Konflikten, sondern jede biologische Konfliktart und Erkrankungsart hat auch ihre ganz spezifische Art der epileptoiden Krise. War schon die Lösungsphase im allgemeinen bei einer Reihe von sog. Erkrankungen nicht ganz ungefährlich, kann sie hier sogar, wenn man nicht aufpaßt, mortal enden.

Mit der epileptischen / epileptoiden Krise hat sich Mutter Natur mit ganz einfachen Mitteln ein höchst wirksames Instrumentarium geschaffen, indem die Epi-Krise (EK) eine sehr starke, allerdings kurzfristige Konfliktaktivität darstellt, d. h., **in dieser Krise durchlebt der Patient nochmals seinen gesamten Konfliktverlauf im Zeitraffer.** Daher z. B. die starken Angina-pectoris Schmerzen (Schmerzattacke der koronaren Plattenepithel-Intima) beim sog. koronaren Herzinfarkt. Wir hatten nicht gewußt, daß diese Angina pectoris in der Epi-Krise ihren für das Überleben alles entscheidenden Biologischen Sinn hatte. Denn der „ordnungsgemäße Ablauf“ der epileptoiden Krise, hier des Herzinfarktes, entscheidet über das Überleben.
So stellt uns die Epi-Krise oftmals vor noch größere klinische Aufgaben: z. B. die Lyse bei der Pneumonie, der Koronar-Arterien-Herzinfarkt nach einem Revierkonflikt, der Koronar-Venen-Herzinfarkt mit Lungenembolie oder die Absence nach einem Trennungskonflikt, ebenfalls Diabetes oder die Hypoglykämie (Unterzuckerung) bei der Hepatitis. Die Epi-Krise ist die Stunde der Wahrheit! Der gefährlichste Punkt liegt unmittelbar am Ende der Krise, da zeigt es sich, ob die epileptoide Krise ausgereicht hat, das Steuer herumzureißen. Aber immer darf der Patient wissen: Die allermeisten schaffen es zu überleben.

Die meisten epileptischen und epileptoiden Krisen stellen für den Patienten keine Lebensgefahr dar. Einige wenige epileptische Krisen, wie Links-Myokardinfarkt, Coronar-Herzinfarkt (= Kombination von Coronar-Muskulatur und Plattenepithel-Intima der Coronar-Arterien) oder Lungenembolie, sind gefährlich, wenn ein langer Konfliktverlauf bestanden hat und wenn Syndrom besteht. Mit Syndrom (siehe Seite 90) ist auch die epileptoide Krise der Bronchial-Ulcera gefährlich, die wir früher Pneumonie-Krise genannt hatten.
Die alten Landärzte kannten diese kritische Phase genau! Sie sagten dann: *„... wenn er die nächsten Tage übersteht, dann ist er übern Berg...”*, z. B. die sog. Lyse bei der Pneumonie. Leider wissen unsere Schulmediziner kaum noch etwas davon.

So kann sich z. B. niemand erklären, warum Herzinfarkte praktisch immer in Ruhe und Entspannung passieren! Wenn die „verstopften Herzkranzgefäße” schuld wären, wie die Schulmedizin behauptet, müßten sie bei körperlicher Anstrengung (Arbeit, Sport) auftreten. Tatsächlich ist der koronare sog. Herzinfarkt die Heilungskrise eines Revier-Verlust-Konfliktes (nicht gewollte Pensionierung, Kündigung, Partner läuft weg ...), der nur dann tödlich endet, wenn der Konflikt länger als neun Monate aktiv war.

Ganz wichtig ist hier, eine Sache zu wissen: ca-Phase und epileptische/epileptoide Krise verlaufen beide in Sympathicotonie, aber von verschiedener Qualität: Beim motorischen SBS der quergestreiften Muskulatur ist in der ca-Phase Muskellähmung. In der epileptischen Krise sind es tonische oder klonische Krämpfe.

Das Interessante am 2. Biologischen Naturgesetz ist die Tatsache, daß die meisten „Krankheits"-Symptome erst in der zweiten Phase auftauchen, und deshalb eigentlich „Heilungs"-Symptome (Schnupfen, Husten, Blasenentzündung, Hautexanthem usw.) sind, die man nicht mehr zu „therapieren" braucht.
Nur ein Narr würde eine gerade ablaufende Heilung heilen wollen!
Bei den meisten SBSen merken wir die ca-Phase nicht.

Während der 2. Hälfte der pcl-Phase – mit Beginn der epileptoiden Krise – wird dann im Gehirn harmloses Hirnbindegewebe, sog. Glia, eingelagert, zwecks Reparatur des Hamerschen Herdes. Dieser Hamersche Herd, also ein mehr oder weniger großer weißer Fleck oder Bereich im CT, stellt dann das Ende der Lösungsphase dar, wenn er kein intra- und perifocales Ödem mehr hat.
Wenn man im Computertomogramm Gliaansammlungen im Gehirn fand, die auch noch mit Jodkontrastmittel gut anfärbbar waren, dann stand in der Regel die Diagnose fest: „Hirntumor"!

Hirntumoren gibt es aber per definitionem nicht, denn Hirnzellen können sich nach der Geburt überhaupt nicht mehr teilen, auch nicht unter Bedingungen, die bisher als Hirntumor fehlgedeutet werden – also schlicht unter gar keinen Bedingungen. Was sich vermehren kann, ist harmlose Glia – Bindegewebe des Gehirns –, das genau die gleiche Funktion hat wie das Bindegewebe unseres Körpers.
Diese hellen gliaverdichteten Hamerschen Herde, die man im Computertomogramm sehen kann, sind Reparaturen des Organismus an den Hamerschen Herden, also ein Grund zur Freude statt zum Erschrecken oder gar zur Hirnoperation.

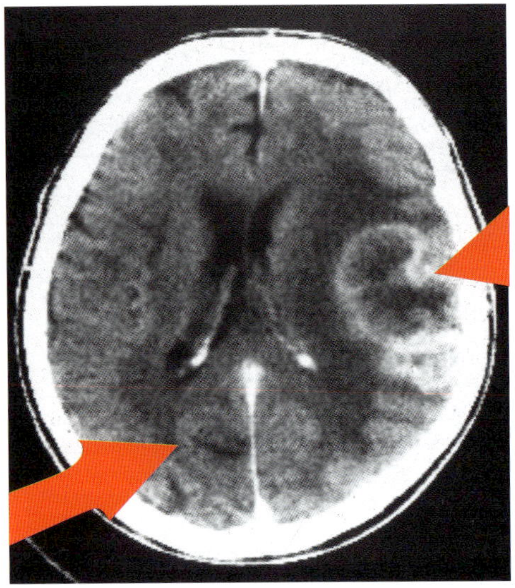

CT-Bild: Lösung eines Revierkonfliktes = Herzinfarkt (rechter Pfeil)

Biologische Händigkeit

Die Links- oder Rechtshändigkeit ist bei jedem von uns (schon vor der Geburt) im Gehirn festgelegt und bleibt das ganze Leben lang gleich.

Der Klatschtest:
Klatschen Sie in die Hände und achten Sie darauf, welche Hand führt.
Das ist diejenige Hand, die obenauf liegt bzw. aktiv klatscht.
Möglich, daß Sie Linkshänder sind, obwohl Sie bisher dachten, Sie seien Rechtshänder, denn viele Menschen wurden als Kind umtrainiert.

Jeder kann das bei sich selbst feststellen. Klatscht man wie im Theater Beifall, dann ist die obenliegende Hand die führende, d. h., sie bestimmt die Händigkeit. Liegt die rechte Hand oben, dann ist man rechtshändig, umgekehrt, wenn die linke Hand oben liegt, ist man vom Gehirn her linkshändig.

Der Klatschtest ist sehr wichtig, um herauszufinden, auf welcher Hirnhemisphäre ein Mensch arbeitet, denn es gibt sehr viele umtrainierte Linkshänder, die sich selbst für Rechtshänder halten. Jedoch erinnern sie sich meist, daß sie gewisse wichtige Dinge, die Rechtshänder nur mit der rechten Hand tun können, nur mit der linken machen können.

Viele sind z. B. zum Schreiben auf die rechte Hand trainiert worden und meinen deshalb, sie seien Rechtshänder. Vereinfacht gesagt, ist die rechte Kleinhirn- und Großhirnhälfte überwiegend für die linke Körperseite – und umgekehrt, die linke Kleinhirn- und Großhirnhälfte für die rechte Körperseite zuständig.

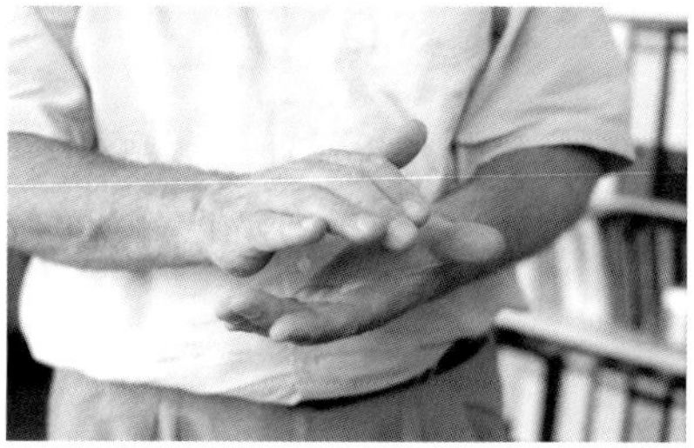

Rechte Hand oben:
biologischer Rechtshänder

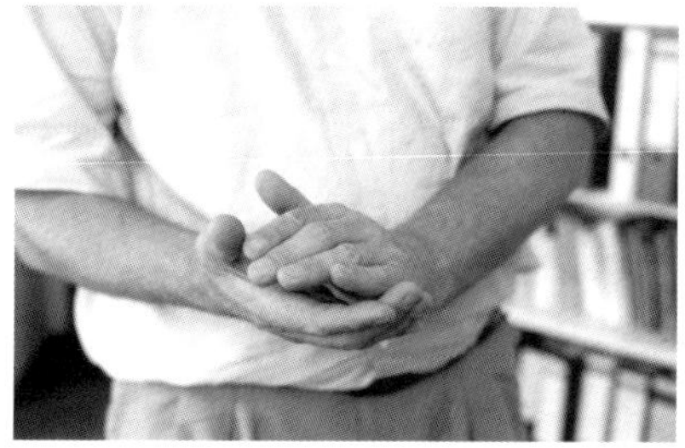

Linke Hand oben:
biologischer Linkshänder

Die Links- und Rechtshändigkeit beginnt im Gehirn, genauer gesagt, mit dem Kleinhirn, denn vom Kleinhirn ab ist alles seitenmäßig definiert. Während die Links- und Rechtshändigkeit im Stammhirn praktisch noch keine Rolle spielt.
Vom Organ zum Gehirn oder vom Gehirn zum Organ ist die Korrelation immer eindeutig. Lediglich bei der Korrelation zwischen Psyche und Gehirn oder Gehirn und Psyche ist die Links- und Rechtshändigkeit von Wichtigkeit, weil sie ja auch über den Konflikt/Gehirnweg entscheidet. Somit auch darüber, welche „Krankheit" die Patienten überhaupt bei welchem Konflikt erleiden können.

Die Feststellung der Händigkeit ist in der Germanischen Heilkunde eine der wichtigsten Dinge, denn daraus folgt eine einfache Regel:
Für Rechtshänder, egal ob Frau oder Mann, gilt: Die linke Körperhälfte ist die Mutter/Kind-Seite (eigene Mutter, eigene Kinder oder Menschen und Tiere, für die man so empfindet), die rechte Körperhälfte ist die Partner-Seite (Geschäftspartner, Ehe- oder Lebenspartner(in), Vater, Kollegen, Freunde, Feinde, Verwandte).
Bei Linkshändern, egal welchen Geschlechts, ist es genau umgekehrt.
Macht z. B. das linke Knie eines Rechtshänders Probleme, so hatte der Konflikt mit Mutter oder Kindern zu tun.
Bei den Knien geht es um den Sportlichkeits-Selbstwerteinbruch. In diesem Fall in bezug auf Mutter oder Kinder.

Die schmerzende linke Schulter einer Linkshänderin deutet auf einen überstandenen Selbstwerteinbruch-Konflikt in bezug auf einen Partner (irgendjemand außer Mutter oder Kindern) hin. Z. B., das Schuldgefühl: „ ... was bin ich doch für eine schlechte Partnerin!"

Beispiel: Eine rechtshändige Frau erleidet bei einem Identitätskonflikt („ich weiß nicht, wo ich hingehöre, ich weiß nicht, wie ich mich entscheiden oder was ich tun soll") ein Rectum-Ulcus, eine linkshändige Frau dagegen, bei dem gleichen Konflikt, ein Magen- oder Gallengangs-Ulcus.
Ein rechtshändiger Mann bekommt z. B. bei einem Revierärger-Konflikt ein Gallengangs-Ulcus oder Magen-Ulcus. Der linkshändige Mann dagegen, bei dem gleichen Konflikt aber ein Rectum-Ulcus.
Ein linkshändiger Mann erleidet bei einem Revierangst-Konflikt ein Kehlkopf-Ulcus. Der rechtshändige Mann ein Bronchial-Ulcus (schulmedizinisch Bronchial-Karzinom).
Bei einer rechtshändigen Frau z. B. ist die linke Brust für das Kind, die eigene Mutter der Frau und das Nest zuständig, und die rechte Brust für den oder die Partner, wozu alle übrigen Menschen (Freunde, Nachbarn, Schwager, Schwiegermutter etc.), außer als Kinder empfundene Menschen und Tiere gehören. Bei der Linkshänderin ist das genau umgekehrt.
Die Linkshändigkeit zeigt uns auch in ganz besonderer Weise, daß die Biologischen Konflikte nichts primär mit Freud und herkömmlicher Psychologie zu tun haben, sondern wirklich biologisch determiniert sind. Denn daß eine linkshändige junge Frau von einem sexuellen Konflikt die organischen Symptome eines männlichen Revierkonfliktes (Angina pectoris) und dadurch bedingt im psychischen Bereich eine Depression erleidet, würde ja „rein psychologisch" gar keinen Sinn machen.
Die Linkshänderin verliert auch niemals ihre Eierstockfunktion, sie hat (auch nach einem sexuellen Konflikt) nach wie vor ihren Eisprung und ihre Periodenblutung, während eine Rechtshänderin dann keinen Eisprung mehr hat. Interessant ist in dem Zusammenhang auch, daß bei eineiigen Zwillingen stets einer linkshändig und der andere rechtshändig ist.

Das 3. Biologische Naturgesetz:

Das ontogenetische System der Sinnvollen Biologischen Sonderprogramme® (SBS) der Natur.
Der sog. Kompaß der GERMANISCHEN NEUEN MEDIZIN®

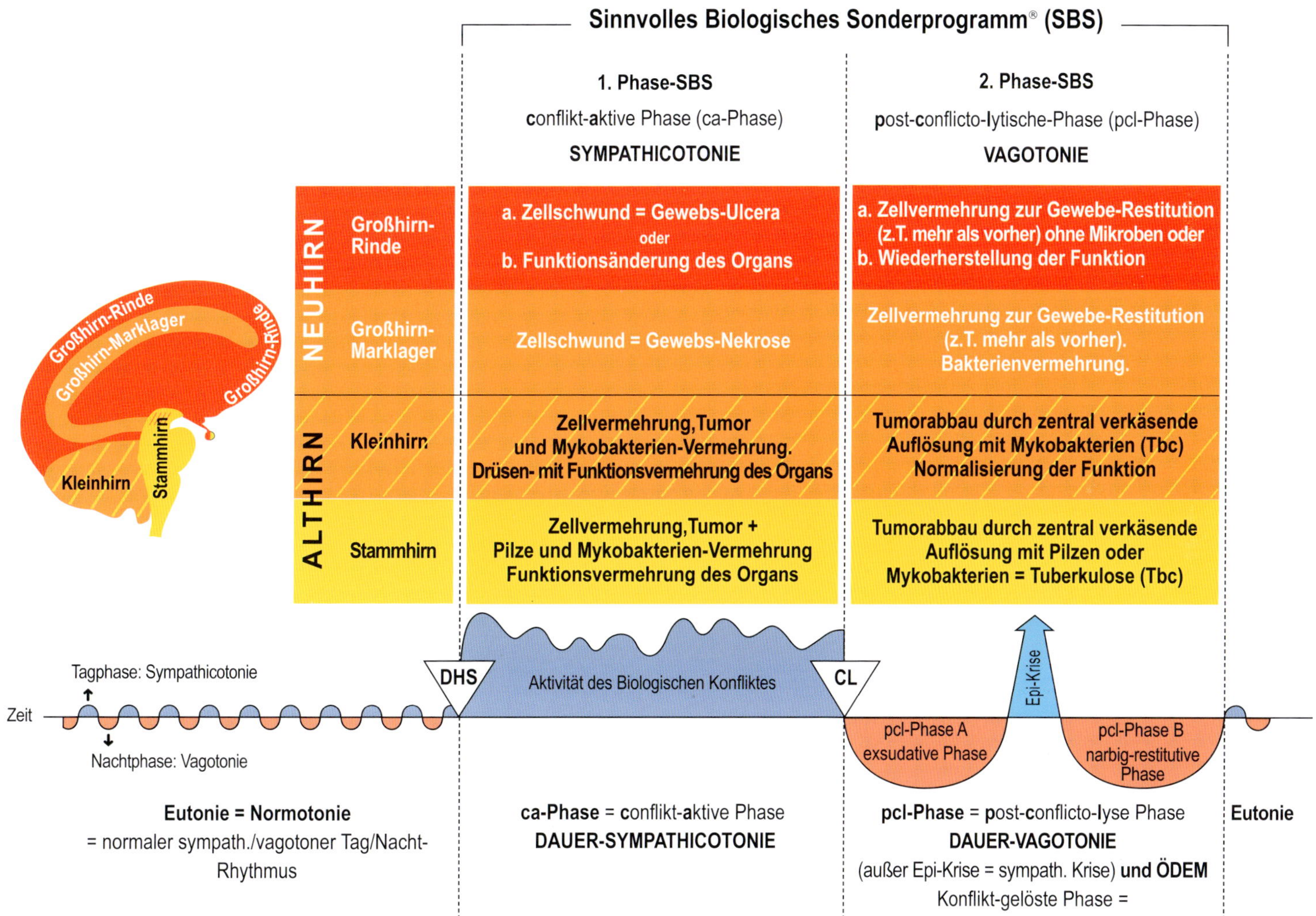

Aus Sicht der Schulmedizin handelt es sich bei jeder Zellvermehrung um einen sog. „Tumor". Diese Interpretation war und ist falsch.
Basierend auf dem 1. und 2. Biologischen Naturgesetz (Zweiphasigkeit), sowie mit Hilfe der Embryologie konnte ich das 3. Biologische Naturgesetz der Germanischen Neuen Medizin® entdecken (siehe vorige Seite). Dieses Gesetz macht verständlich, warum es zwei verschiedene Arten von Zellvermehrung gibt:
Wir unterscheiden zwischen initialer Zellvermehrung, d. h. Gewebe-Plus (= Tumor) beim ursprünglichen, archaischen, vom Althirn gesteuerten Gewebe in der conflikt-aktiven Phase, und zwischen Zellvermehrung, d. h. Wiederaufbau der vorangegangenen Nekrosen oder Ulcera in der konflikt-gelösten Phase. Letzteres kann nicht als „Tumor" bezeichnet werden, sondern als Zellwiederaufbau.

Es gelang mir zusätzlich zu entdecken, daß jeder dieser Gewebetypen von einem bestimmten Teil des Gehirns gesteuert wird (siehe Grafik Seite 77) und auf ganz bestimmte Konflikte entweder mit Zellwachstum, Zellabbau oder Funktionsänderung reagiert.

Hier eine grobe Zusammenfassung der von mir entdeckten Zusammenhänge zwischen den Keimblättern und den drei Ebenen (Psyche, Gehirn, Organ):

Inneres Keimblatt (Entoderm):

Der älteste Teil unseres Kopfgehirns ist, analog dem Organgehirn, das Stammhirn. Von ihm werden im wesentlichen der gesamte Magen-Darm-Trakt (mit Ausnahme der später eingewanderten ektodermalen Teile) mit seinen Anhangsorganen, z. B. auch Alveolen, Leber, Pankreas, Uterus, Prostata, Nierensammelrohre oder die Speicheldrüsen des Mundes gesteuert.
Konflikt: **Brocken-Konflikte**
Bei den archaischen, ältesten Konflikten unseres Organismus geht es immer um den Brocken bzw. darum, den Brocken zu bekommen, den Brocken hinunterzuschlucken, den Brocken weiterzutransportieren, zu verdauen und schließlich den Kot wieder ausscheiden zu können; z. B. den Hör-Brocken (Informations-Brocken), den Luft-Brocken (Atem-Brocken), den Nahrungs-Brocken, das Verdauen des Brockens, die Ausscheidung des Kot-Brockens oder das Festhalten des Wasser-Brockens bei Flüchtlings- oder Existenz-Konflikt, wenn der Fisch aufs Trockene geworfen ist.
Zweiphasigkeit auf organischer Ebene (mit synchronem Verlauf auf psychischer und cerebraler Ebene):
- **C**onflikt-**a**ktive Phase (ca-Phase): Tumor (Gewebe-Plus)
- Conflikt-gelöste Phase = **p**ost-**c**onflikto-**l**ytische-Phase (pcl-Phase): Tbc (Tumorabbau)

Mittleres Keimblatt (Mesoderm):

Die zum Mesoderm zählenden Organe – wohlgemerkt alles entwicklungsgeschichtlich genauestens belegt – müssen wir einteilen in zwei große Gruppen: Altes Mesoderm (vom Kleinhirn gesteuert) und junges Mesoderm (vom Großhirn-Marklager gesteuert).

1. Altes Mesoderm (vom Kleinhirn gesteuert): Unterhaut (Corium), Teil davon Brustdrüsen, Pleura (Rippenfell), Peritoneum (Bauchfell), Perikard (Herzbeutel);
Konflikte: **Attacke-Konflikte (Integrität)**
Zweiphasigkeit auf organischer Ebene (mit synchronem Verlauf auf psychischer und cerebraler Ebene):
- **C**onflikt-**a**ktive Phase (ca-Phase): Tumor (Gewebe-Plus)
- Conflikt-gelöste Phase = **p**ost-**c**onflikto-**l**ytische-Phase (pcl-Phase): Tbc (Tumorabbau)

2. Junges Mesoderm (vom Großhirn-Marklager gesteuert): Glia, Bindegewebe, Skelett, quergestreifte Muskulatur, Lymphknoten, Blut- und Lymphgefäße, Nierenparenchym, Eierstocksparenchym, Hodenparenchym, Glaskörper des Auges (z.T. ektodermal)
Konflikte: **Selbstwert-Konflikte**
Zweiphasigkeit auf organischer Ebene (mit synchronem Verlauf auf psychischer und cerebraler Ebene):
- **C**onflikt-**a**ktive Phase (ca-Phase): Nekrose (Gewebe-Minus)
- Conflikt-gelöste Phase = **p**ost-**c**onflikto-**l**ytische-Phase (pcl-Phase): Wiederaufbau des Gewebes (Gewebe-Plus: am Ende mehr Masse als vorher)

Äußeres Keimblatt (Ektoderm):

Die zum Ektoderm zählenden Anteile unseres Organismus müssen wir einteilen in zwei große Gruppen (von der Großhirnrinde gesteuert):

1. SBS mit Ulcera: Anteile des Organismus (Plattenepithelhäute und -schleimhäute), die in der conflikt-aktiven Phase (ca-Phase) Epithelulcera (Gewebe-Minus) und in der konflikt-gelösten Phase (pcl-Phase) Reparatur mit Wiederaufbau der Ulcera machen.
Hierbei handelt es sich um **Revier-** oder **Trennungskonflikte.**
Z. B.: Äußere Haut, Milchgänge der Brust, Gebärmutterhals und -mund, Samenblase, Nierenbecken + Ureteren, Blase, Uretra, Rektum und Vagina, Koronararterien- und Venen-Intima, intra- u. extrahepatische Gallengänge, intra- u. extrapankreatische Bauchspeicheldrüsengänge, etc).

2. SBS ohne Ulcera, d. h. eine sinnvolle Funktionsminderung bzw. -änderung ohne Zelleinschmelzung oder Zellvermehrung. In der conflikt-aktiven Phase (ca-Phase) sehen wir Funktionsänderung, in der konflikt-gelösten Phase (pcl-Phase) Funktionsnormalisierung.
Z. B.: Bei den α-Inselzellen des Pankreas und der Leber (Angst-Ekel-Konflikt, Unterzuckerung) oder den β-Inselzellen des Pankreas (Diabetes, Veränderung bzw. Verminderung des Insulins, Hyperglykämie, Konflikt des sich Sträubens), Retina (Netzhaut).
Manche Organe haben Anteile verschiedener Keimblätter, was die Sache etwas komplizierter macht.

Zusammenhang zwischen Keimblättern und Gehirn

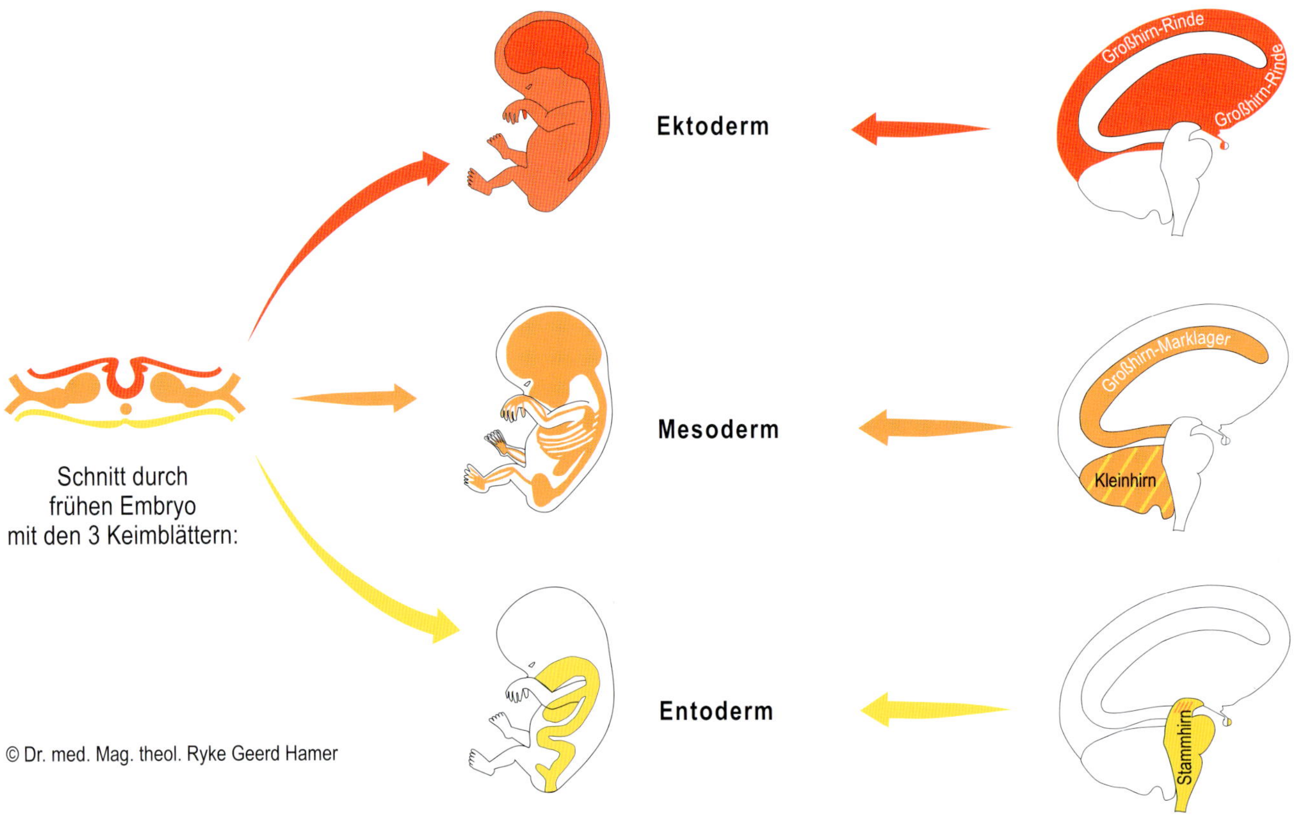

Die zwei Arten des Plattenepithel-Sensibilitätsverlaufs beim SBS

Es gibt zwei Arten des Plattenepithel-Sensibilitätsverlaufs beim SBS. D. h., daß sich die Schleimhaut-Plattenepithel-Sensibilität bei SBS nach dem Äußere-Haut-Schema genau umgekehrt verhält wie der Sensibilitätsverlauf beim Plattenepithel des Schlund-Schleimhaut-Schemas, obwohl bei beiden in der ca-Phase Ulcera entstehen, die auch bei beiden in der pcl-Phase abheilen.
In der klinischen Arbeit ist es wichtig, diese beiden Arten der Plattenepithel-Sensibilität zu kennen und zuordnen zu können:

1. Schlund-Schleimhaut-Schema-Sensibilitätsverlauf bei SBS (SS-Schema)
2. Äußere-Haut-Schema-Sensibilitätsverlauf bei SBS (ÄH-Schema)

Das ist auch eine Sache, die jeder Patient leicht verstehen kann und sich deshalb seine eventuellen Schmerzen erklären kann. Es hilft ihm. Wenn man es einmal herausgefunden hat, ist es ja auch ganz leicht zu verstehen, z. B.: warum man bei Bronchitis Hustenreiz hat (Äußere-Haut-Schema), warum man in der pcl-Phase des Muttermund-Ca Schmerzen hat oder Hyperästhesie, warum man bei den Rectumulcera in der ca-Phase taub ist, also nichts merkt oder warum die Milchgänge erst in der pcl-Phase jucken und schmerzen, etc. etc. Für unsere Patienten ist es ganz wichtig, daß sie an den Sensationen (Jucken, Hyperästhesie oder Taubheit) erkennen können, in welcher SBS-Phase sie sind.

1. Schlund-Schleimhaut-Schema-Sensibilitätsverlauf bei SBS (SS-Schema)

Die sensible Plattenepithel-Schleimhaut des Schlundes stammt wahrscheinlich, wie wir noch an den Hirnrelais (prämotorisches Rindenfeld und postsensorisches Rindenfeld) sehen können, aus dem Periost der Nasennebenhöhlen und aus dem Periodont. Das aus den Nasennebenhöhlen in den Schlund ausgewanderte Plattenepithel finden wir heute bis in den Gallengängen und Pankreasgängen vor. Deshalb hat es den Namen „Schlund-Schleimhaut" und das ganze System nennen wir Schlund-Schleimhaut-Schema.
Den Unterschied zur äußeren und jüngeren Plattenepithelhaut sehen wir in der Anordnung im Gehirn.
Das Periost-Plattenepithel der Nasennebenhöhlen wird vom prämotorischen Rindenfeld innerviert, während das Plattenepithel der äußeren Haut vom später, zusammen mit dem motorischen Rindenfeld, keilförmig in den Cortex eingeschobenen sensorischen Rindenfeld innerviert wird. Übrigens ist auch die Plattenepithel-Schleimhaut der Glans des Penis und der Klitoris ein Relikt der alten Plattenepithelhaut auf dem Periost des Penisknochens.

Für den Unerfahrenen mag das etwas unverständlich klingen. Aber es ist gleichwohl faszinierend, mit Ehrfurcht und Staunen zu beobachten, wie genial Mutter Natur als Notwendigkeit der Weiterentwicklung sich selbst immer wieder korrigiert hat.
Anfangs war das Plattenepithel auf dem Periost unseres Skeletts mit unseren primitiven Extremitäten das „außen liegende Plattenepithel". Das war noch vor der Ausbildung der Coriumhaut (Kleinhirn). Nachdem aber nun unser Skelett insgesamt mit einer Schicht von Muskeln, einer Coriumhaut mit Milchleisten und einer neuen äußeren Plattenepithelhaut mit Milchgangs-„Tapeten"-Auskleidung umhüllt wurde, hat Mutter Natur die alte, dem Periost aufgelegene, Plattenepithelhaut eingeschmolzen. Übrig geblieben aber sind noch die alten Nervengitter der ehemaligen Plattenepithelhaut. Diese Nervengitter liegen auch heute noch dem Periost auf und sind für das sog. Rheuma verantwortlich beim brutalen Trennungskonflikt. Unter Rheuma verstehen wir starke, stechende und fließende Schmerzen in der ca-Phase und in der epileptoiden Krise.

Alte Periost-Schlund-Schleimhaut

Sensible Plattenepithel-Schleimhaut:

1. des Mundes, der Lippen, der Zunge, des Gaumens, des Rachens, des Periodonts, des Zahnschmelzes und der Speicheldrüsenausführungsgänge
2. der Speiseröhre (obere 2/3)
3. des Magens mit kleiner Curvatur, Pylorus und Bulbus duodeni (Zwölffingerdarm-Eingang)
4. der Gallengänge mit Choledochus (großer Gallengang) mit Gallenblase und intrahepatische Gallengänge
5. der Pankreasgänge
6. der Kiemengänge und der Kiemenbogenabkömmlinge: Koronararterien, Koronarvenen, Aortenbogen, A. Carotis, Kiemengänge am Hals (alte Kiemen) und Schilddrüsenausführungsgänge
7. Nasennebenhöhlen-Schleimhaut
8. Schleimhaut der Eichel (Glans) des Penis und der Klitoris (vom ehemaligen Penis-Knochen-Periost)

Schlund-Schleimhaut-Schema-Sensibilitätsverlauf bei SBS (SS-Schema)

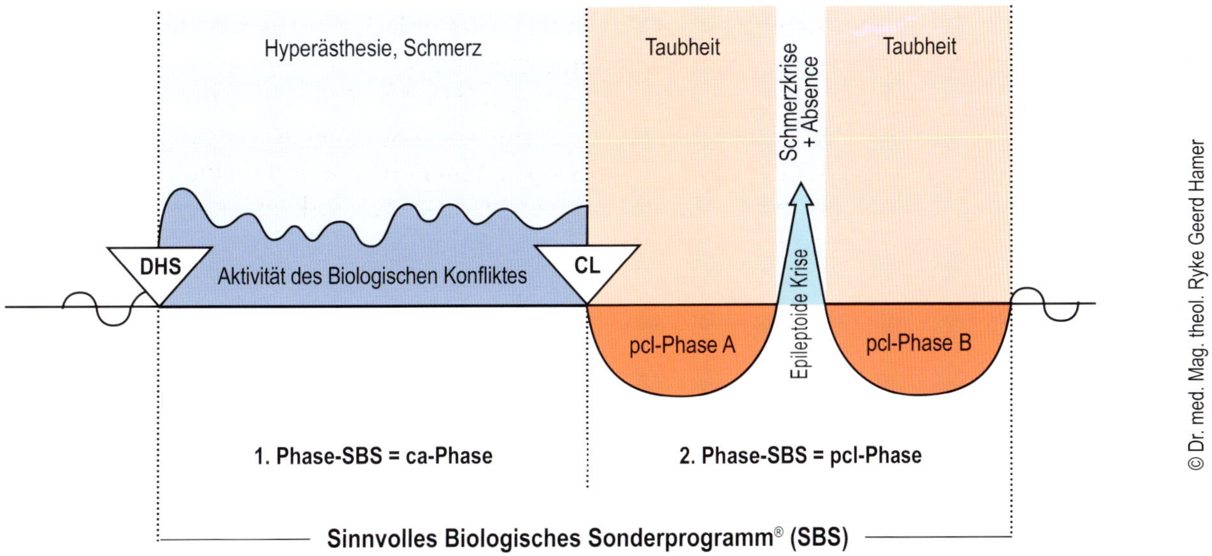

Symptome der ca-Phase: Ulceration, Hyperästhesie, Schmerzen; beim Periost: Rheuma;

Symptome der pcl-Phase: Vor und nach epileptoider Krise: Heilungsschwellung, Wiederauffüllung der Ulcera, Restitution, Wärme, Blutung, herabgesetzte Sensibilität bis zu Taubheit;

Symptome der epileptoiden Krise: nochmals Hyperästhesie mit starken Schmerzen (siehe Koronar-Herzinfarkt, Magen-Ulcus!) und Absence; beim Periost starke, stechende, fließende Rheuma-Schmerzen mit Absence.

Wenn begleitende quergestreifte Muskulatur auch gleichzeitig epileptische Krise (= epileptischer Anfall) macht, dann zusammen: Hyperästhesie + starke Schmerzen + Absence und epileptischer tonisch-klonischer Anfall der quergestreiften Begleitmuskulatur.

2. Äußere-Haut-Schema-Sensibilitätsverlauf bei SBS (ÄH-Schema)

Zum Äußere-Haut-Schema gehört die äußere Haut und die von der äußeren Haut direkt in die Organe eingewanderte Plattenepithel-Schleimhaut:

1. Äußere Haut (Oberhaut) und Rückseite der Oberhaut mit Pigment und Haaren
2. Kehlkopf-Plattenepithel-Schleimhaut
3. Bronchial-Plattenepithel-Schleimhaut
4. Milchgänge der weiblichen Brust (Gesäugeleiste)
5. Nasen-Plattenepithel-Schleimhaut
6. äußere Gehörgangs-Plattenepithel

   1 - 6 aus der äußeren Haut stammend

7. Blasenschleimhaut und ableitende Harnwege
8. Vaginal- und Gebärmutterhals/-mund-Plattenepithel-Schleimhaut
9. Rektum-Plattenepithel-Schleimhaut

   7 - 9 sind ursprünglich aus dem Schlund eingewandert, aber nach Ringaufriß neu verkabelt durch das Rückenmark und dabei der äußeren Haut angeschlossen und verhalten sich deshalb nach dem ÄH-Schema trotz ursprünglicher und auch noch aktueller Innervation vom postsensorischen Rindenfeld.

Äußere-Haut-Schema-Sensibilitätsverlauf bei SBS (ÄH-Schema)

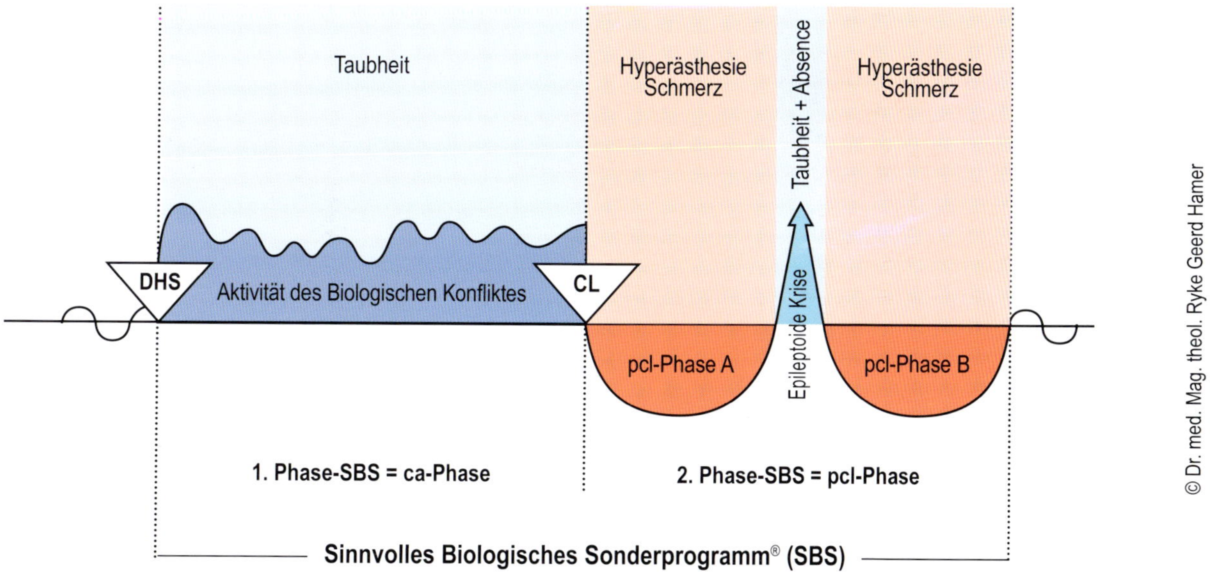

Symptome der ca-Phase: Ulceration mit Taubheit (= Hyposensibilität) der Plattenepithel-Haut oder -Schleimhaut;
Symptome der pcl-Phase: Vor und nach epileptoider Krise: Heilungsschwellung, Wiederauffüllung der Ulcera, Restitution, Wärme, Rötung, Jucken (Pruritus), Schmerzen und Hyperästhesie;
Symptome der epileptoiden Krise: Kurzfristige Taubheit und Absence;

Wenn die begleitende quergestreifte Muskulatur auch gleichzeitig epileptische Krise = epileptischen Anfall hat (nur wenn es gleichzeitig um ein motorisches-SBS geht), treten zu Taubheit und Absence mit epileptischem muskulären Anfall noch Tenesmen hinzu. Z. B. Rektum-Tenesmen, Blasen-Tenesmen, vorher und hinterher Schmerzen ohne Tenesmen[2].

2 Tenesmen = beständiger Stuhl- oder Harndrang

Das 4. Biologische Naturgesetz:

Das ontogenetisch (entwicklungsgeschichtlich) bedingte System der Mikroben

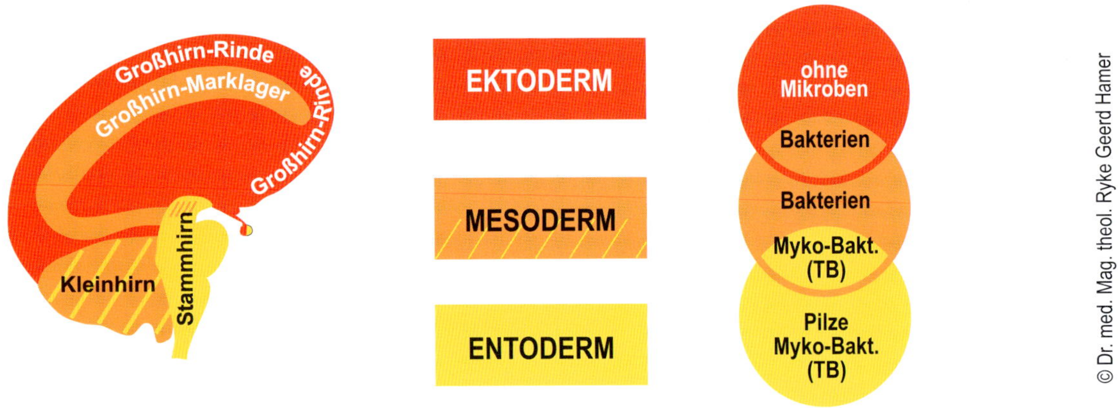

Zusammenhänge zwischen **GEHIRN** – **KEIMBLATT** – **MIKROBEN**

In der Schulmedizin haben wir Mikroben in **„gute“** (z. B. Darmbakterien, Mund- und Scheidenflora) und **„böse“** (z. B. Tuberkelbakterien) eingeteilt.
Man dachte sich, die „Bösen“ seien schuld an vielen Krankheiten. Diese Krankheiten nannte man „Infektionskrankheiten“. Dieser folgenschwere Irrtum passierte, weil man bei vielen „Krankheiten“ tatsächlich Pilze oder Bakterien am Ort des Geschehens fand. Die Pilzbakterien vermehren sich in der ca-Phase (Tuberkelpilzbakterien). Bakterien vermehren sich erst in der pcl-Phase. Aber beide Sorten arbeiten erst in der pcl-Phase, der Heilungsphase.

Vergleich mit der Feuerwehr: Jemand analysiert die Ursache für Großbrände: „Ich habe alle Großbrände der letzten Jahrzehnte ausgewertet. Das Ergebnis ist eindeutig. Bei jedem Brand waren ausnahmslos Feuerwehrfahrzeuge anwesend. Folglich sind diese Fahrzeuge die Ursache für die Brände!“
Selbstverständlich ist das unsinnig, denn jeder weiß, daß nicht die Feuerwehr Brände legt, sondern diese löscht. Genauso verhält es sich mit Pilzen und Bakterien.

Sie sind nicht schuld an der „Erkrankung", sondern **optimieren die restitutive pcl-Phase**. Die Viren, so wissen wir inzwischen, gibt es überhaupt nicht, sind nicht direkt nachweisbar. Man hatte sie hypothetisch postuliert, was ein Irrtum war.

Die Mikroben sind seit Jahrmillionen unsere treuen Begleiter. Wir leben mit ihnen in perfekter Symbiose, unser Gehirn und unser Körper rechnen fix mit ihnen. Vom Gehirn bekommen sie den Einsatzbefehl für ganz bestimmte „Operationen". Unsere kleinen Mikro-Chirurgen bauen Gewebe auf oder ab – und zwar ausschließlich in der Heilungsphase:
Pilze und Pilzbakterien, unsere ältesten Begleiter, räumen auf Stammhirnbefehl überschüssiges Gewebe des inneren Keimblattes (z. B. Candida-Pilz im Darm, Soor-Pilz im Mund) ab. Die wichtigsten sind die Tuberkelbakterien. Nachtschweiß ist ein sicheres Zeichen, daß Tuberkelbakterien gerade in Aktion sind.

Zusammenfassung bzgl. Mikroben

Mykobakterien (Pilzbakterien) und Pilze bearbeiten die Tumoren des Althirns und vermehren sich in der conflikt-aktiven Phase (= ca-Phase).
Es werden so viele Mykobakterien „vorproduziert", daß in der Heilungsphase (= pcl-Phase) der Tumor so rasch als möglich wieder abgebaut werden kann. So rasch als möglich heißt: in der biologisch vorgeschriebenen Zeit, denn die mikrobielle Chirurgie ist eine höchst komplizierte Sache, wie wir früher an der Lungen-Tbc gesehen haben, die ja nichts anderes war und ist als die tuberkulöse pcl-Phase von Lungenrundherden (Todesangstkonflikt). Ohne die Mykobakterien gerät der ganze Organismus durcheinander, wie wir z. B. gut bei dem Schilddrüsen-Ca sehen können. Mit unseren modernen, bildgebenden Verfahren (CT und MRT) können wir sehr gut verfolgen, wie ein Tumor (ca-Phase) in der pcl-Phase von Mykobakterien verkäst wird.
Wenn beim Schilddrüsen-Ca, wie gesagt, keine Mykobakterien zur rechten Zeit vorhanden sind, dann läuft der Metabolismus (= Stoffwechsel) nicht nur in der ca-Phase und weiter in der pcl-Phase, sondern lebenslang auf vollen Touren, wie wenn sich beim Auto ein durchgetretenes Gaspedal verklemmt hat. Daß ein Tumor, der seinen biologischen Sinn und seine Aufgabe erfüllt hat, abgebaut gehört, ist biologisch selbstverständlich.

Die **Bakterien** bearbeiten nur die zum mittleren Keimblatt (Mesoderm) gehörenden, vom Marklager gesteuerten Organe, d. h. Nekrosen. Sie vermehren sich erst in der pcl-Phase. Zu dieser Vermehrung haben sie gerne Ödem, also flüssiges Milieu und Wärme. Deshalb haben wir früher fälschlicherweise vermutet, sie seien die Ursache für die pcl-Phasen-Symptome: Fieber, Müdigkeit, Abgeschlagenheit, Kopfschmerzen etc., etc.
Die meisten Bakterien (Staphylokokken, Streptokokken, Pneumokokken, Gonokokken), nach anderer Einteilung Anaerobier (= unter Luftabschluß arbeitend) oder Aerobier (= an der Luft arbeitend), haben ihre Spezialgebiete,

können aber überlappend tätig werden, wenn die „Nachbarspezialisten“ fehlen. Ein Abtöten der Bakterien mit Antibiotika vermindert zwar die Symptome der pcl-Phase, ist aber biologisch unsinnig.
Bei den Bakterien gibt es verschiedenste Gattungen, jedes Bakterium hat, wie gesagt, sein „Spezialgebiet“, wie z. B. die Gonokokken den Uro-Genitaltrakt oder die Corynebakterien den Rachen. Ein Teil von ihnen, nämlich die Tuberkelbakterien, wird vom Althirn (= Stammhirn + Kleinhirn) gesteuert und baut Tumorgewebe ab, die andere Art von Mikroben, nämlich Bakterien, bauen, vom Großhirn-Marklager gesteuert, Gewebe (z. B. Knorpel, Knochen) auf.

Mikroben sind wichtige Glieder im Regelkreis der Natur. Wir sollten sie „hegen und pflegen“, anstatt sie zu bekämpfen. Impfungen, ganz egal wogegen, sind aus Sicht der GERMANISCHEN nicht nur sinnlos (weil unwirksam), sondern wegen des konfliktträchtigen Impfvorganges (Angst des Impflings) und der giftigen Zusatzstoffe (Phenol, Formaldehyd, Quecksilber- und Aluminiumverbindungen usw.) äußerst schädlich. Da man gar nicht weiß, gegen was eigentlich wirklich geimpft werden soll (Toxine, Antikörper gegen die Heilungsphase?) und da es gar keine Viren gibt, gegen die man impfen könnte, ist alles ein einziger Betrug. Noch schlimmer: Wir müssen heute aufgrund der nicht mehr zu übersehenden Vorgänge dringend davon ausgehen, daß es sich schon bei den zurückliegenden und in Zukunft bei allen folgenden Impfungen nur noch um Chipimplantationen handelt, mit denen man den Geimpften lebenslang observieren kann, oder sogar noch Schlimmeres, wenn die Informationen über den neuen sog. chinesischen „Tötungs-Chip“ stimmen (Todeskammer, über Satellit aktivierbar).
Fehlen Tuberkelbakterien, weil man sie durch falsch verstandene Hygiene „ausgerottet“ hat, kann überschüssiges Gewebe nicht abgebaut werden, das normalerweise durch Mykobakterien (Tbc) verkäst werden würde. Übrig bleiben mit Tbc normalerweise Hohlräume, sog. Kavernen.
Ohne Tbc, der Körper muß sich in diesem Fall dann anders helfen, umschließt er den Tumor mit Bindegewebe.
In der Brust finden wir dann im Röntgenbild alte Knoten, einstmals aktive, Milch produzierende Zellen eines SBS. Hier liegt dann eine solche unbiologische Heilung vor.
Was die Natur allerdings nicht eingeplant hat ist, daß wir binnen Stunden in eine neue, für unseren Körper fremde Mikrobenwelt „eintauchen“ (Fernreisen). Hier kann es zu Problemen kommen, z. B. bei Malaria.

Viren:
Die Großhirnrinde, unser jüngster Gehirnteil, arbeitet möglicherweise mit kleinsten Eiweißverbindungen (sog. Antikörpern in der pcl-Phase), um fehlendes Gewebe in der Lösungsphase (pcl-Phase) zu ergänzen (z. B. in der Bronchien-Schleimhaut oder in der äußeren Haut). Allerdings ist die Existenz von Viren sehr umstritten. Niemand hat jemals ein Virus zweifelsfrei nachweisen können. Es waren stets die Antikörper in der pcl-Phase.
Bei den Viren, an die wir hypothetisch lange geglaubt hatten, wußten wir bis vor kurzem noch nicht, daß es sie überhaupt nicht gibt. Die sog. Viren wurden vor 150 Jahren postuliert, als man noch relativ gering auflösende Mikroskope hatte. Man hat nie ein Virus gesehen, auch keine Vermehrung gesehen. Auch die Hypothese, daß die nicht beobachteten Viren eine „Krankheit" machen, war falsch. Natürlich waren dann auch alle sog. Impfungen gegen Viren ein einziger Riesenbetrug, wie z. B. AIDS, Vogel- und Schweinegrippe, die in Wirklichkeit mit allergrößter Wahrscheinlichkeit Chip-Implantationen waren.
Sie hätten ja allenfalls bei einer Heilung helfen können, aber auch das ist bisher unbewiesen.

Die vermeintlichen Viren waren nichts anderes als sog. Antikörper, die bei einem DHS als Begleitschiene in unserem Gehirn in Plan gehen, aber erst in der pcl-Phase als Antikörper organisch sichtbar und meßbar werden.
So ist es bei „AIDS, der Krankheit, die es gar nicht gibt". Beim Smegma-Trauma geht beim DHS die Smegma-Schiene in Planung. Meßbar werden die Antikörper aber erst in der pcl-Phase als AIDS -Test.
Im Grunde waren die angeblich krankmachenden Viren ein einziger riesiger Betrug! (siehe hierzu auch „Vermächtnis einer Neuen Medizin"/1987 und „AIDS, die Krankheit, die es gar nicht gibt").
Die Virus-Animationen, die uns gelegentlich im Fernsehen gezeigt werden, sind der reine Betrug, früher aus finanziellen Gründen, heute zusätzlich, um die Menschen zeitlebens kontrollieren, beherrschen und notfalls per Satellit zu jedem beliebigen Zeitpunkt töten zu können (Chip mit Todeskammer).

Bill Gates, zynischer König der Mikrochips, äußerte im Jahr 2010: „Wenn wir richtig gute Arbeit leisten mit neuen Impfstoffen (gemeint sind Mikrochipimplantationen), Gesundheitsversorgung (gemeint Sterbeversorgung) und Empfängnisverhütung/Abtreibungen machen, könnten wir diese Zahl um vielleicht 10 oder 15 % reduzieren."
(gemeint ist die Reduzierung der Anzahl der nichtjüdischen Menschen, man kann auch sagen Ausrottung.)

Einen Monat später (Juli 2010) sagte er auf dem Aidskongreß in Wien in Anspielung auf mein Buch „Aids, die Krankheit, die es gar nicht gibt": „Jetzt müssen alle Männer der Welt beschnitten werden", verkündete Bill Gates in Aids-Kongreß in Wien 2010, „dann gibt es kein Aids mehr." (gemeint ist: kein Smegma mehr). Als Jude hat er mein Buch gut verstanden, die spezielle Konsequenz ist natürlich idiotisch.

Das 5. Biologische Naturgesetz: Die Quintessenz

Das Gesetz vom Verständnis einer jeden sog. Krankheit als Teil eines entwicklungsgeschichtlich verstehbaren Sinnvollen Biologischen Sonderprogramms der Natur® (SBS)

Das **DHS**, zunächst als Panne verstanden, ist der Start-, Dreh- und Angelpunkt jedes SBS.
Immer müssen wir bei der Diagnostik zum DHS zurückkehren, um zu verstehen, was der Patient in diesem Moment gedacht, gefühlt und empfunden hat. Auch müssen die Begleitschienen berücksichtigt werden.
Mit dem Durchschreiten der zwei Phasen schließt sich der Kreis.
Die Natur hat dafür gesorgt, daß das Individuum die außergewöhnliche Herausforderung gemeistert hat und wieder gesund, ja gestärkt daraus hervorgeht.
Sinnvolles Biologisches Sonderprogramm®: Die Bezeichnung deutet schon darauf hin: Jede „Erkrankung" hat einen biologischen Sinn!
Den konkreten Sinn der „Krankheiten" zu begreifen ist wohl das schönste Geschenk der GERMANISCHEN.
Vergleichbar mit dem Glücksgefühl, das ein Blinder haben muß, der plötzlich wieder sehen kann.
Früher dachte man an die „Strafe Gottes" oder sonst etwas, wenn man nach dem Sinn suchte.
In der Schulmedizin fragte man gar nicht erst lange, ging man doch davon aus, daß der Mensch bloß ein Sack voller chemischer Elemente und Eiweißkörper, Fettkörper etc., ein Zufallsprodukt, und deshalb „fehleranfällig" war.
Erst dank der GERMANISCHEN dürfen wir erkennen, daß es Mutter Natur immer gut mit uns gemeint und alles wohl geordnet hat.

Das muß man sich mal richtig und tief verinnerlichen, ¾ der früheren sog. Krankheiten wurden durch die Panik, die verbreitet wurde, wesentlich schlimmer.
Jedes Tier, das aus seiner gewohnten Umgebung herausgerissen wird, kommt augenblicklich in Panik.
Die meisten Patienten, die akut ins Krankenhaus eingeliefert werden, erleiden einen Flüchtlings-Konflikt (Nierensammelrohr-Ca) mit Oligurie. Das ist die uralte Angst der vor Urzeiten im Wasser lebenden und an Land gespülten Wesen vor dem Mangel an Wasser. Wir sprechen dann – im Zusammenhang mit einem Lösungsvorgang (= pcl-Phase) im Organismus – von Syndrom.
Augenblicklich wird nunmehr (mit Syndrom) jede Pleuritis, die man normalerweise nicht sehen würde, zum Pleuraerguß – jede nicht sichtbare Perikarditis zur Herzbeutel-Tamponade – jede Peritonitis, die sonst unbemerkt bliebe, zum großen Aszites, oder jede harmlose Hepatitis zu einer schmerzhaften Hepatomegalie (Kapselspannung).
Das sind nur die häufigsten von 50 möglichen Paniken. Bei jedem Schmerz, bei jedem Fieber bekommen wir gleich Panik, wenn wir mit tatü-tata ins Krankenhaus geschleppt werden. Die meisten Patienten, die im Krankenhaus sterben, sterben nicht etwa an der vermeintlichen „Krankheit", die ja ohnehin immer nur die eine Hälfte eines

Sinnvollen Biologischen Sonderprogramms® ist, sondern an den durch die Paniken bedingten Komplikationen. Ganz besonders gilt das für die armen Kinder. Das ganze klerikale Getue im Krankenhaus mit Chefarzt (dem niemand widersprechen darf), Ministranten-Assistenten etc. sorgen für weitere Panik. Von dem (esels)-dummen Chefarzt erhält der Patient zitternd seine angebliche – im Grunde falsche – Diagnose, weil ja der Chefarzt von der Germanischen Heilkunde nichts versteht. Alle nicken, der Patient ist am Boden zerstört, und mit Chemo läßt sich dann die Panik noch bis ins Unermeßliche steigern.
Dabei ist das alles Schwachsinn, einschließlich sog. Prognose, daß der Patient sterben werde, es stimmt ja nur scheinbar deshalb, weil der Patient sich in posthypnotische Panik bringen läßt. So wie sich das Kaninchen vor lauter Panik vor der Schlange nicht mehr rühren kann und sich widerstandslos von der Schlange fressen läßt.
Und nun, liebe Leser, stellt Euch einen Patienten vor, der die GERMANISCHE nicht nur mal kennengelernt hat, sondern sie richtig begriffen hat. Der weiß: Bösartige Krankheiten gibt es gar nicht, genau wie es keine bösartigen Mikroben oder bösartige Krebszellen gibt. Jede vorübergehende scheinbare Störung in der Natur schwingt als Sinnvolles Biologisches Sonderprogramm® – man könnte auch sagen, als Archaische Melodie® – zum Überleben des Patienten. Es sind lauter Überlebensprogramme, die jeweils mit einem DHS gestartet werden. Auch wenn sich das für uns noch ungewohnt anhört: Man überlebt eher mit Krebs als ohne. Denn jedes **Sinnvolle** Biologische Sonderprogramm® hat eben seinen Biologischen **Sinn** !!!

1. Beispiel:
Jede Mutter, deren Kind vor ihren Augen verunfallt ist, erleidet einen Brustkrebs auf der Mutter/Kind-Seite (RH linke Brust – LH rechte Brust). Eine höchst sinnvolle Aktion der Natur, denn nun hat das Kleinkind, das gestillt wird, durch das Tumor-bedingte vergrößerte Milchangebot, eine größere Überlebenschance. Nach der Lösung des Konfliktes wird der Brusttumor tuberkulös wieder abgebaut.
Wo ist da, bitte, was Bösartiges dran?

2. Beispiel:
Ein hastig heruntergewürgter Knochen bleibt im Magen-Darm-Trakt hängen, weil er zu groß ist. Durch das DHS gibt der Organismus den Start zu einem Darm-Tumor, der vor dem unverdaulichen Brocken wächst (proximal = maulwärts). Nun wird literweise Darmsaft (zwecks Verdauung des Brockens) aus dem Tumor produziert und – nach kurzer Zeit wird der Brocken so weit abgedaut, daß er durchrutschen kann. In Notzeiten kann die Verdauung dieses Brockens vielleicht über Tod und Leben des Tiers entscheiden.
Was also ist an diesem sinnvollen Vorgang „bösartig“?
Antwort: nur unsere religiös verblendete Ignoranz!

„Gutartig” und „bösartig” gibt es in der Biologie und in der Natur nicht. Die Begriffe stammen aus der jüdisch-christlichen Religion. Die ganze Medizin sollte „religiös” verstanden werden.

Bisher verstanden wir nicht, warum Gewebe plötzlich zu wachsen beginnt. Wir dachten, das sei ein „Fehler" der Natur und sagten „bösartig" dazu.
Durch die GERMANISCHE wissen wir, daß Gewebe nicht „einfach so" wächst. Stets handelt es sich um ein vom Gehirn gesteuertes **Sinnvolles Biologisches Sonderprogramm der Natur**®.
Untersucht man das Gewebe eines Embryos oder das Gewebe einer gerade verheilenden Wunde unter dem Mikroskop, müßte man diese als „bösartig" einstufen. Vergrößerte Zellen und vergrößerte Zellkerne weisen auf lebhaftes Gewebewachstum hin.

Das heilende Callus-Gewebe des Knochens innerhalb des Periosts unterscheidet sich nur dadurch vom Callusgewebe außerhalb des Periost, was wir Osteosarkom nennen, daß es aus dem (meist durch artifizielle Punktion) perforierten Periost ausgetreten ist.
In der Natur kommt so etwas oft vor als sog. „offener Bruch", sofern ein biologischer Konflikt mit einherging.
Das extraperiostale Osteosarkom macht auch nichts Sinnloses. Sondern da der Knochen einstweilen nicht heilen kann, weil der Callus immer abläuft, versucht der Organismus mit dem Osteosarkom wie mit einer Manschette den Knochenbruch zu stabilisieren, ruhigzustellen und zu fixieren. Daß wir das früher mit unserer dümmlichen religiösen „gutartig"- und „bösartig"-Vorstellung nicht verstehen konnten, ändert daran nichts.

Nun, liebe Leser, wollt Ihr nicht das Jubeln beginnen?
Es gibt nichts „Bösartiges" in der Natur. Alles ist sinnvoll!! Es gibt folglich auch keine „bösartigen Krankheiten", die uns zerstören wollen, wie wir geglaubt hatten, auch keine Mikroben oder Krebszellen, die uns zerstören.
Und wenn wir unseren Krebs zu 99% überleben können (wie eine gewisse Religionsgemeinschaft, weltweit).
– genauso wie wir zu 99% unseren Schnupfen überleben, dann haben wir doch keine Angst, keine Panik mehr.
Dann fällt ¾ der bisherigen Sterbeursache weg. Und die Pseudo-Autorität des (esels)-dummen Chefarztes reduziert sich auf Null. Der hatte ja seine angemaßte Pseudo-Autorität nur durch die Panik und den Woodoo-Zauber, den er verbreitet hat – der in Israel schon 30 Jahre nicht mehr verbreitet werden kann, weil dort bei allen Patienten Germanische Heilkunde angewendet wird.
Selbst wenn ein Patient mal in ein Gesundungshaus der Germanischen Heilkunde (früher Krankenhaus) muß, weiß er: Hier überleben alle – genauso wie er weiß: Im Konzert oder im Thermalbad überleben alle. Natürlich stirbt gelegentlich mal einer am Herzinfarkt, aber das sind dann die 1% !
Jetzt versteht Ihr vielleicht, warum man die Germanische 30 Jahre vor Euch verschwiegen hat.
Wacht auf aus Euren Panikträumen. Die Germanische gibt Euch nicht nur die seelisch-körperliche Freiheit zurück, die Ihr verloren hattet, sondern sie gibt Euch auch die Würde wieder zurück, die man Euch weggenommen hatte.
Lernt die Germanische – mit ihren Sinnvollen Biologischen Sonderprogrammen der Natur® – für Euch selbst!!

Ein typischer Fall: M., W. RH

Hier wollen wir einen typischen Fall besprechen, an dem man die 5 Biologischen Naturgesetze® sehr gut verstehen kann.

Schulmedizin-Diagnose:

Thorax 2E PA li.anliegend vom 05.11.2008

Klinische Angabe:
Gewichtsverlust

Befund:
Normal großes Herz mit unauffälliger Konfiguration. Oberes Mediastinum ebenfalls unauffällig. Reguläre Hilusgefäße rechts, links nur im seitl. Bild abgrenzbar, hier regelrecht. Aortensklerose.
Nachweis einer glattrandigen knolligen Raumforderung von 70 x 78 mm Größe retrohilär links i. H. S6 des Unterlappens: Dringend verdächtig auf eine bronchiale Neoplasie. Rechts pulmonal kein Herdbefund. Bds. keine pneumonischen Infiltrate u. überwiegend glatte Zwerchfellkonturen. Verdacht auf geringen dorsalen Winkelerguss links.

Germanische Heilkunde-Diagnose:
Sinnvolles Biologisches Sonderprogramm® nach plötzlichem Tod des Sohnes: **Stellvertretender Todesangstkonflikt**.
Zustand nach **solitärem Lungenrundherd** (ca-Phase von Anfang Juli bis Mitte/Ende Okt. 2008, 10 kg Gewichtsverlust).
Seit Ende Oktober 2008 pcl-Phase mit Fieber, Husten, Nachtschweiß und extremer Schlappheit und Müdigkeit, aber gutem Appetit und Wiederaufnahme des Gewichts: **Lungen-Tuberkulose.**

Ein 70jähriger RH Patient, dessen 45jähriger Sohn seit längerer Zeit an Asthma bronchiale erkrankt war und Asthma-Sprays brauchte, hörte seine Frau am Telefon schreien. Er nahm ihr den Hörer aus der Hand und mußte nun selbst hören, daß sein Sohn gestorben sei, der nur 700 Meter von ihm entfernt wohnte und mit dem er das allerbeste Verhältnis hatte.
Der 70jährige Vater war „auf dem falschen Fuß erwischt" worden. Er sagte, es sei der größte Schock seines Lebens gewesen, er stand stundenlang unter Schock. Er erlitt in dieser Sekunde ein DHS mit einem Todesangstkonflikt, stellvertretend oder assoziativ für seinen Sohn, auf organischer Ebene einen sog. solitären Rundherd, genauer ein alveoläres Adeno-Ca in der ca-Phase und, weil es beim Asthma bronchiale hauptsächlich um „nicht ausatmen können" geht, erlitt er diesen solitären Rundherd zu 90 % auf der linken Lungenseite und nur zu 10 % auch auf der rechten Seite.
Da der biologische Konflikt sehr stark war, einmal, weil sein Sohn quasi sein bester Kumpel war, andererseits der Tod des Sohnes so unerwartet war, so hatte der Konflikt eine gewaltige Konfliktmasse und wuchs innerhalb von knapp vier Monaten auf eine Größe von 7,0 x 7,8 cm.
Ende Oktober löste er seinen biol. Konflikt. Und nun kam er von der Dauer-Sympathicotonie in die Dauer-Vagotonie mit Fieber, Husten, Nachtschweiß und extremer Müdigkeit.
Die ca-Phase nennen wir solitären Alveolar-Tumor (nicht ganz korrekt, weil er ja im rechten Lungenlappen, spiegelbildlich zum linksseitig gelegenen Haupttumor noch einen kleinen, ebenfalls solitären „Nebentumor" hatte. Das erklärt sich so, daß der Patient in erster Linie beim DHS an Asthma bronchiale des Sohns (= Luft ausatmen) gedacht hatte, aber auch an keine-Luft-mehr-bekommen (= einatmen können).
Wie gesagt, löste der Patient seinen Konflikt nach knapp vier Monaten Ende Oktober 2008 und kam nun in die Vagotonie mit Fieber, Husten, Nachtschweiß und extremer Schlappheit und Müdigkeit.

Eins ist schier unfaßbar: Seit über 100 Jahren kennen wir die Tuberkelbakterien, 1905 bekam Robert Koch dafür den Nobelpreis. Die Pathologen haben weltweit viele Millionen von alveolären Tumoren, Tuberkulosen und Kavernen (= ausgebrannte Tuberkulosen) seziert, die Bakteriologen Tuberkelbakterien mit Ziehl-Neelsen-Färbung nachgewiesen. Und alle Pathologen, Pulmologen und Bakteriologen behaupten seit über hundert Jahren, sie wüßten nicht oder hätten vor Hamer nicht gewußt, daß Lungen-Alveolarkrebs, Lungentuberkulose und Lungenkavernen (= abgeheilte Tuberkulose) das gleiche Sinnvolle Biologische Sonderprogramm® ist – nur in verschiedenen Phasen und Stadien. Das ist schier unglaublich! Wenn man das ja zugeben würde, würde es ja bedeuten, daß die Germanische Heilkunde richtig ist.

Aus der bevorstehenden Neuauflage der Wissenschaftlichen Tabelle der Germanischen Heilkunde (erscheint 2012)

SBS-ORGAN-MANIFESTATION	BIOLOGISCHER KONFLIKTINHALT	HAMERSCHER HERD (HH) IM GEHIRN	1. PHASE-SBS = ca-Phase KONFLIKTAKTIVITÄT = DAUER-SYMPATHICOTONIE TUMOR-WACHSTUM	2. PHASE-SBS = pcl-Phase LÖSUNGSPHASE = DAUER-VAGOTONIE (außer Epi-Krise) TBC TUMORABBAUPHASE
Ga li (Linke Stammhirnhälfte = Inneres Keimblatt = Entoderm für linke Körperseite (linker Lungenflügel)				
Lungen-Alveolen SBS des linken Lungenflügels bei Todesangst-Panik-DHS, für einen selbst oder für einen anderen Menschen oder Tier.	Todesangst-Panik-Konflikt, häufig durch Diagnose- oder Prognose-Schock. Z. B.: „Sie haben Krebs und werden Weihnachten nicht mehr erleben!“ oder: „Großvater wird sterben“ Ursprünglich war der Konflikt, den CO_2 -Kot nicht ausscheiden bzw. eliminieren zu können.	HH im Stammhirn (Pons), links dorsal (alter Schlund-Bereich).	**Biologischer Sinn:** sekretorischer Typ der Alveolen des linken Lungenflügels: ursprünglich bessere Ausscheidung des CO_2 (Kohlendioxyd)-Kot-Brockens, inzwischen auch Aufnahme des O_2 (Sauerstoff)-Brockens, was im Beginn Aufgabe der rechten Alveolen war. Rund aussehendes oder zirkulär flachwachsendes Alveolar-Adeno-Ca der sekretorischen Qualität, um den CO_2-Kot-Brocken besser ausscheiden zu können. Sog. Lungenrundherde, die nur bis zur Lösung des Todesangst-Konfliktes wachsen. a) Solitärer Herd: für anderen Menschen oder Tier. b) Mehrere Herde: für einen selbst.	Bei Vorhandensein von Mykobakterien: Lungen-Tbc = verkäsend nekrotisierender Abbau der Lungenrundherde unter Bildung von Kavernen (ansonsten Einkapselung der kompakten Tumoren) mit Auswurf, Nachtschweiß, evtl. Bluthusten (Hämoptoe, nicht schlimm!). Restzustand der Lungenkavernen: Lungenemphysem.
Ga re (Rechte Stammhirnhälfte = Inneres Keimblatt = Entoderm für rechte Körperseite (Lungenflügel)				
Lungen-Alveolen SBS des rechten Lungenflügels bei Todesangst-Panik-DHS, für einen selbst oder für einen anderen Menschen oder Tier.	Todesangst-Panik-Konflikt, häufig durch Diagnose- oder Prognose-Schock. Z. B.: „Sie haben Krebs und werden Weihnachten nicht mehr erleben!“ oder: „Großvater wird sterben“. Ursprünglich war der Konflikt, einen Luft-Brocken nicht „verdauen“ zu können (nicht (mehr) genügend Luft einatmen zu können), was dann gleichbedeutend ist mit Todesangst-Konflikt.	HH im Stammhirn (Pons), rechts dorsal (alter Schlund-Bereich).	**Biologischer Sinn:** resorptiver Typ der Alveolen des rechten Lungenflügels: ursprünglich bessere Resorption des Luft(Sauerstoff)-Brockens. Später O_2 (Sauerstoff)-Aufnahme und gleichzeitig CO_2 (Kohlendioxyd)-Abgabe, was im Beginn Aufgabe der linken Alveolen war. Rund aussehendes oder zirkulär flachwachsendes Alveolar-Adeno-Ca der resorptiven Qualität. Sog. Lungenrundherde, die nur bis zur Lösung des Todesangst-Konfliktes wachsen. a) Solitärer Herd: für anderen Menschen oder Tier. b) Mehrere Herde: für einen selbst.	Bei Vorhandensein von Mykobakterien: Lungen-Tbc = verkäsend nekrotisierender Abbau der Lungenrundherde unter Bildung von Kavernen (ansonsten Einkapselung der kompakten Tumoren) mit Auswurf, Nachtschweiß, evtl. Bluthusten (Hämoptoe, nicht schlimm!). Restzustand der Lungenkavernen: Lungenemphysem.

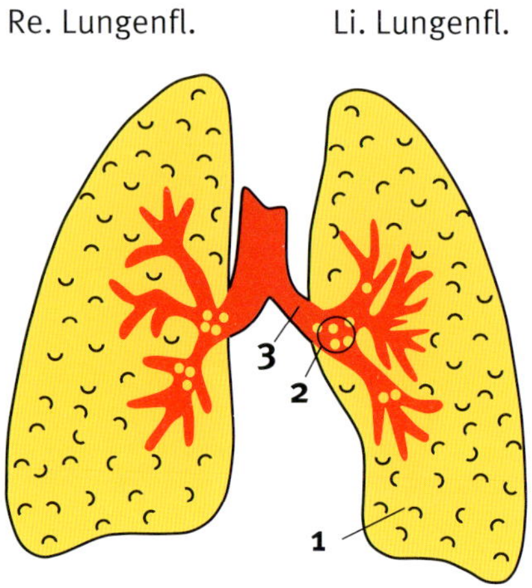

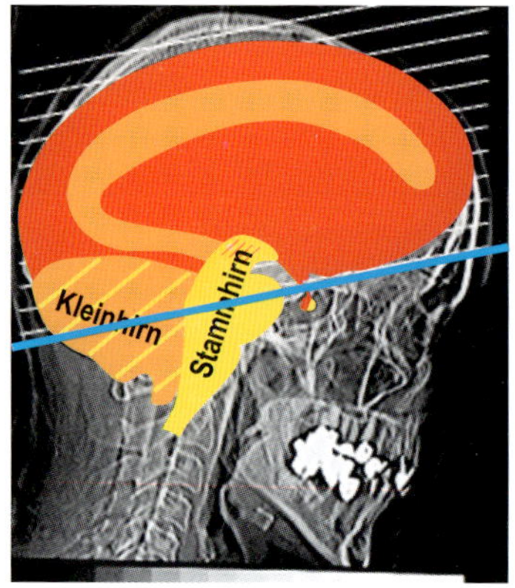

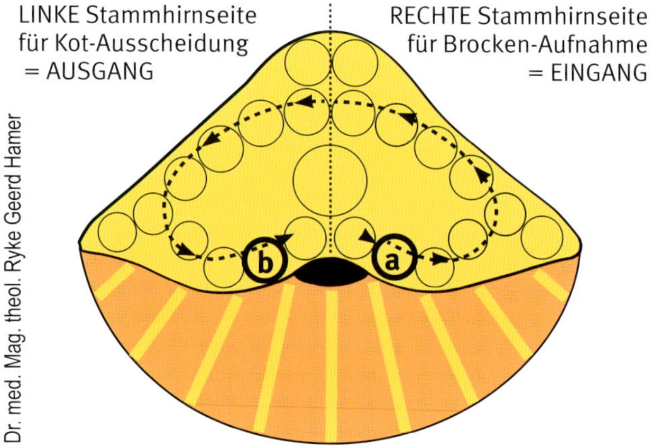

Abb. Links: *Keimblattzugehörigkeit der verschiedenen Lungenbereiche: Inneres Keimblatt: gelb für Alveolen und Becherzellen der Bronchien, Äußeres Keimblatt: rot für Bronchialschleimhaut.*

Abb. Mitte: *Standard Hirn-CT (CCT = cerebrales CT) parallel zur Schädelbasis*

Abb. Rechts: *Schematischer Schnitt durch das Stammhirn und Kleinhirn wie links im Schema, parallel zur Schädelbasis. Stammhirn im oberen Teil mit Anordnung der HAMERschen HERDE (HH) für den Magen-Darm-Trakt entgegen dem Uhrzeigersinn so, wie im Schema der Ringformation des „Darmwesens".*

1. Lungenbläschen = Alveolen (Entoderm, vom Stammhirn gesteuert)

DHS mit anschließendem zweiphasigen SBS bei Todesangstkonflikt.

ca-Phase: Zellvermehrung (Adeno-Ca) der Lungenbläschen (Alveolen) sog. Lungenrundherde: solitärer Rundherd, wenn Todesangst um einen anderen Menschen oder Tier, multiple Rundherde, wenn Todesangst für sich selbst;
Linker Lungenflügel: ursprünglich CO_2 - Ausscheidung; Konflikt: z. B. Asthma bronchiale, verlängertes Exspirium (Ausatmen), dadurch Konflikt, quasi nicht ausreichend Kohlendioxyd (CO_2) ausscheiden zu können;
Rechter Lungenflügel: ursprünglich O_2-Aufnahme; Konflikt: z. B. Asthma laryngeale, erschwertes Inspirium (Einatmen), dadurch Konflikt, quasi nicht ausreichend Sauerstoff (O_2) aufnehmen zu können;
pcl-Phase: Tbc mit Fieber, Auswurf, Nachtschweiß, evtl. Bluthusten (Hämoptoe, nicht schlimm!). Wiederabbau („verkäsend") der Lungenrundherde (= Lungen-Tbc).
Restzustand der Lungenkavernen: Lungenemphysem (bei häufiger abgelaufener Tbc).

a: HH im Stammhirn (Pons), rechts dorsal, für Lungen-Alveolen SBS des rechten Lungenflügels
b: HH im Stammhirn (Pons), links dorsal, für Lungen-Alveolen SBS des linken Lungenflügels

2. Becherzellen der Bronchien (Entoderm, vom Stammhirn gesteuert)

3. Bronchien-Plattenepithel-Schleimhaut (Ektoderm, <u>nur</u> von der rechten Großhirnrinde gesteuert) (Sensibilitätsverlauf nach „Äußere Haut-Schema"), z. B. bei „Mein Studentenmädchen"

DHS mit folgendem zweiphasigen SBS bei Revierangstkonflikt

ca-Phase: Zellschwund (Ulcera) der Bronchien-Plattenepithel-Schleimhaut ohne Schmerz (Taubheit);
pcl-Phase A und pcl-Phase B: Heilungsschwellung und Zellvermehrung (Wiederaufbau der Ulcera) mit Pruritus, lästiger bis schmerzhafter Hustenreiz. **Epileptoide Krise:** Absence ohne Schmerz (Taubheit)

Wir unterscheiden drei sog. „Krankheitsbilder":
a) Bronchitis: Schleimhautschwellung ohne Okklusion (ohne Verschluß).
b) Pneumonie: Schwellung der Bronchioli (kleinste Bronchien) mit teilweiser Okklusion (sog. feuchte Rasselgeräusche).
c) Bonchial-Atelektase (früher fälschlich Bronchial-Ca genannt). Atelektase (unbelüfteter Lungenbereich) der größeren Bronchien. Durch verstärkte Schwellung der Bronchialschleimhaut mit Okklusion (z. B. bei Syndrom) resultiert, wie gesagt, die Bronchial-Atelektase, früher fälschlicherweise „Bronchial-Ca" genannt. Verstärkte Schwellung und Atelektase mit „Syndrom", d. h. mit gleichzeitigem Nierensammelrohr-Ca.

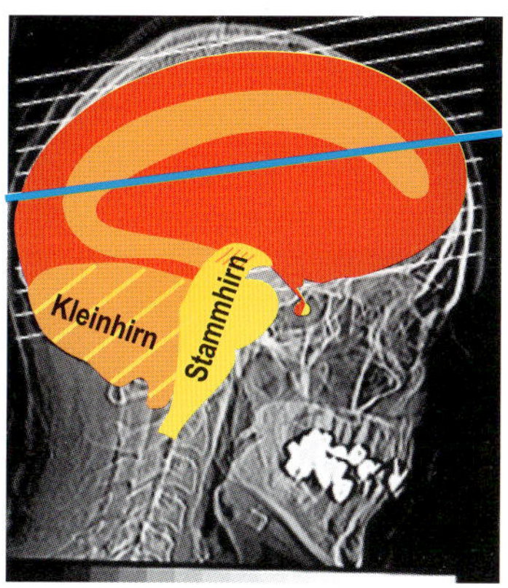

Großhirn-Rinde (Revierbereiche)

10. Kehlkopfmuskulatur
9. Kehlkopfschleimhaut
8. Koronarvenenschleimhaut und, bei Frauen, Gebärmutterhalsschleimhaut
7. Rektumschleimhaut
6. rechte Blasenschleimhaut

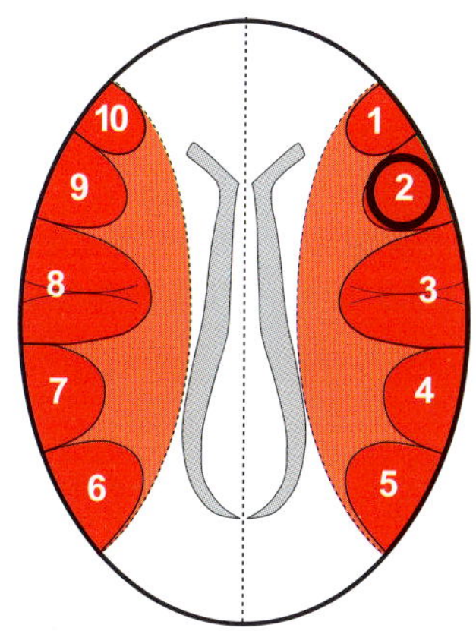

1. Bronchienmuskulatur
2. Bronchialschleimhaut
3. Koronararterienschleimhaut
4. Magen- und Gallengangsschleimhaut
5. linke Blasenschleimhaut

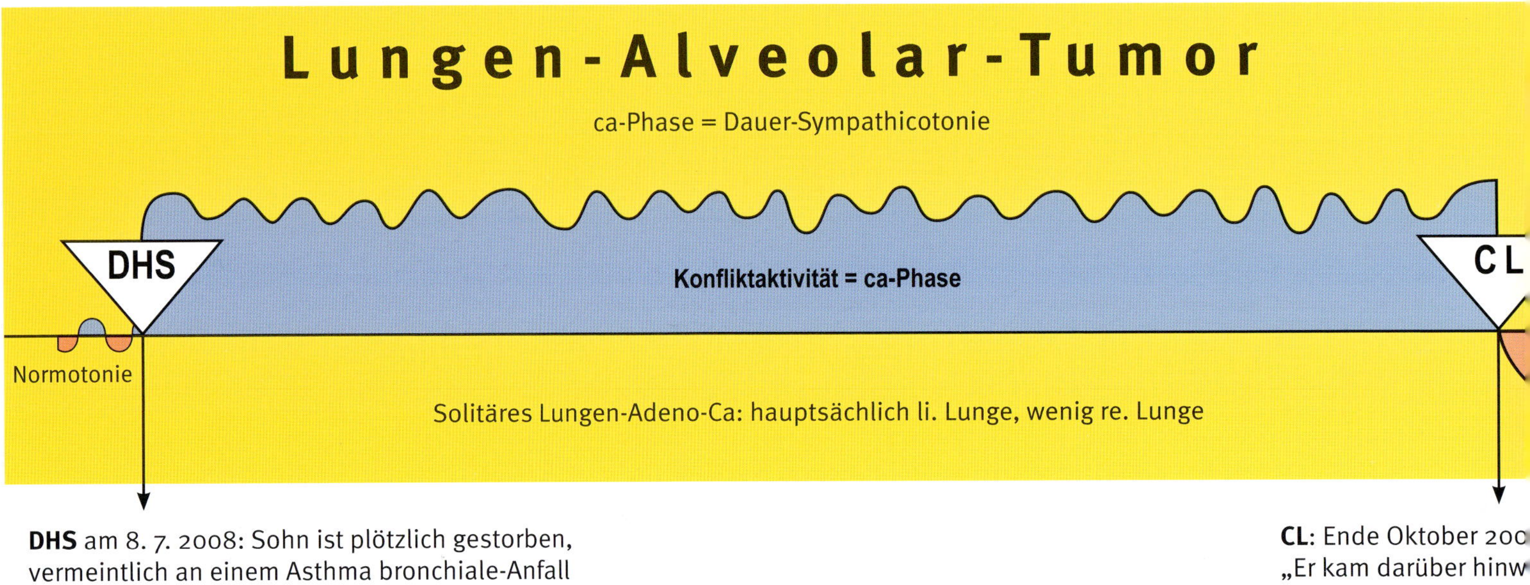

Rechte Seite:

Röntgenbilder vom 5.11.2008: Im linken dorsalen Unterlappenbereich findet sich ein knolliger solitärer Lungentumor (sog. Lungenrundherd) von 7,0 mal 7,8 cm Größe.

Die oberen drei Bilder zeigen fortschreitenden Abbau des Tumors im linken Lungenflügel durch Tuberkulose in der pcl-Phase (Lösungs-Phase). Das erkennen wir an einer Abnahme der Verdichtung, offenbar der Tbc-Effekt.
Im rechten Lungenflügel erkennen wir spiegelbildlich zum linken Lungenflügel auch einen kleinen Tumor in pcl-Phase, d. h. in verkäsender tuberkulöser Auflösung.
Der Haupttumor des linken Lungenflügels wurde assoziiert mit „keine Luft ausatmen können", weil der Vater ja vom Bronchialasthma des Sohnes wußte: verlängertes Exspirium. Der kleine Tumor im rechten Lungenflügel assoziiert den Konflikt, daß der Sohn ja keine Luft mehr bekam, woran er nach Meinung des Vaters (zum Zeitpunkt des DHS) gestorben war.

Auf dem CCT (linkes Bild unten vom 5.3.2009) sehen wir die beiden eingestrichelten HAMERschen HERDE (HH) in dunkel gefärbter, d. h. ödematisierter pcl-Phase. Der linke HH ist deutlich dunkler (für großen Tumor links).

Auf dem rechten unteren Bild (Thorax-CT vom 24.3.2009) sehen wir den ausgehöhlten, wir sagen zentral tuberkulös verkästen Tumor, was wir als Kaverne (= Hohlraum) bezeichnen. Die Kavernen sind noch eine Zeitlang gefährlich, weil sie bei Stoß oder Anstrengung einreißen und zu starken Blutungen führen können.

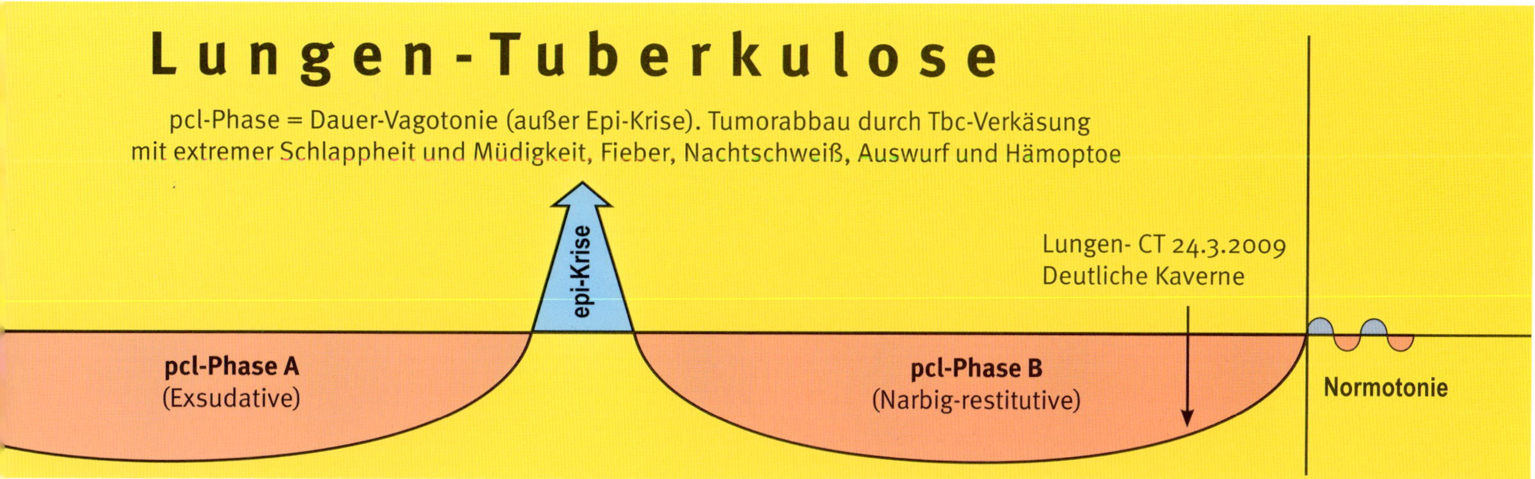
Lungen-Tuberkulose
pcl-Phase = Dauer-Vagotonie (außer Epi-Krise). Tumorabbau durch Tbc-Verkäsung
mit extremer Schlappheit und Müdigkeit, Fieber, Nachtschweiß, Auswurf und Hämoptoe
epi-Krise
Lungen- CT 24.3.2009
Deutliche Kaverne
pcl-Phase A
(Exsudative)
pcl-Phase B
(Narbig-restitutive)
Normotonie

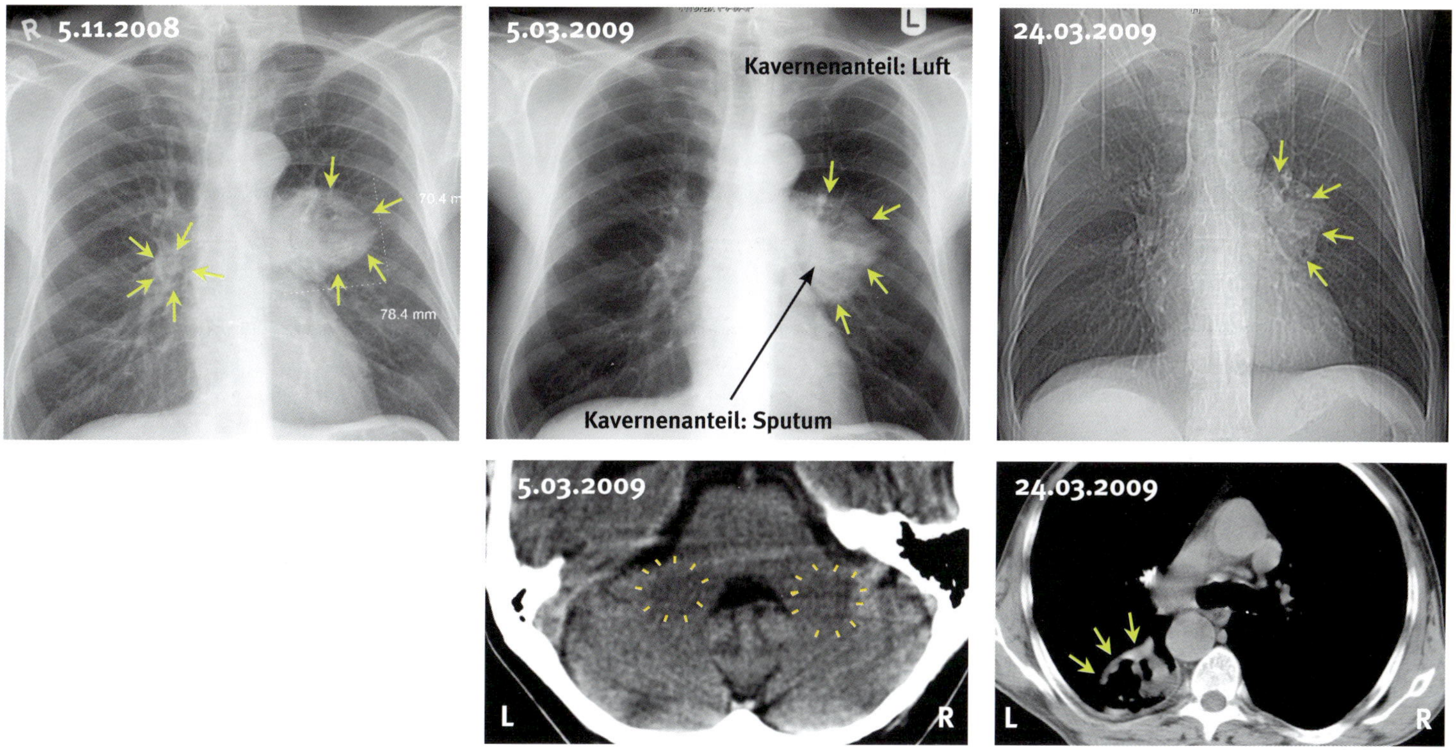
R 5.11.2008
70.4 m
78.4 mm
5.03.2009
L
Kavernenanteil: Luft
Kavernenanteil: Sputum
24.03.2009
5.03.2009
L
R
24.03.2009
L
R

Lungen-Alveolar-Tumor

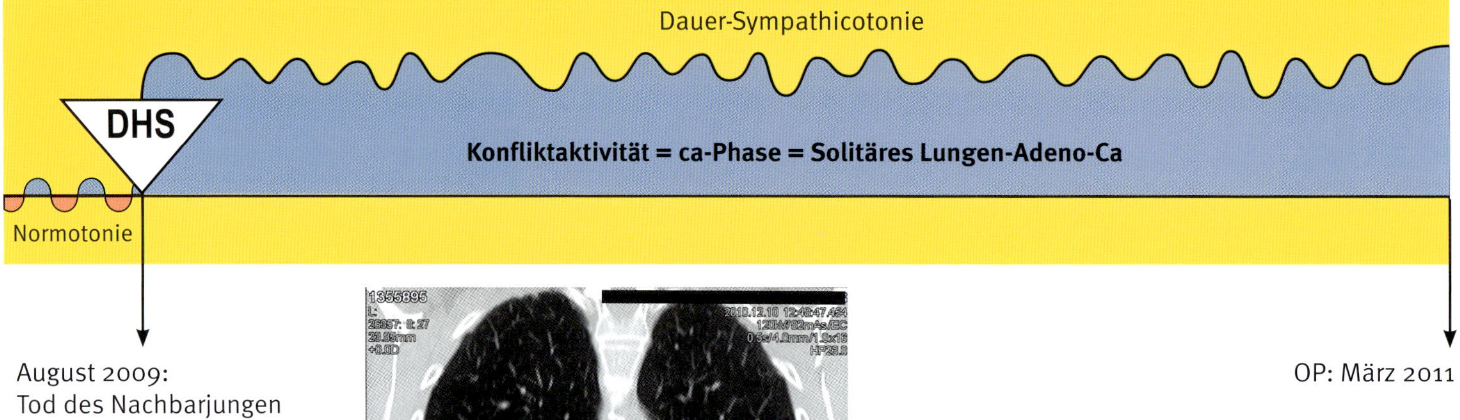

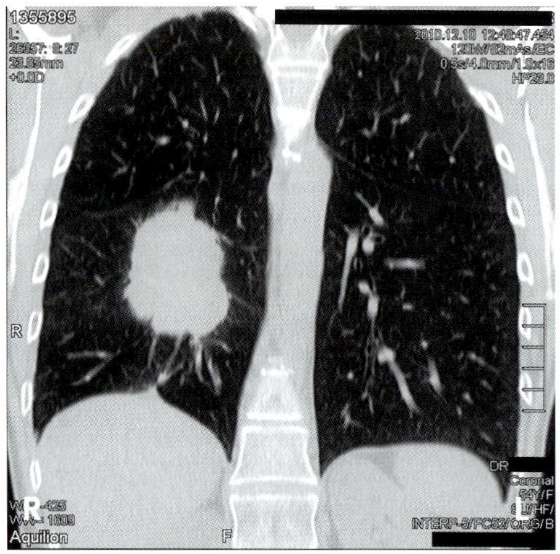

Vertikale Lungenübersicht vom 10.12.2010:
Man erkennt sehr gut den großen solitären Lungen-Alveolar-Tumor im rechten Lungenflügel.

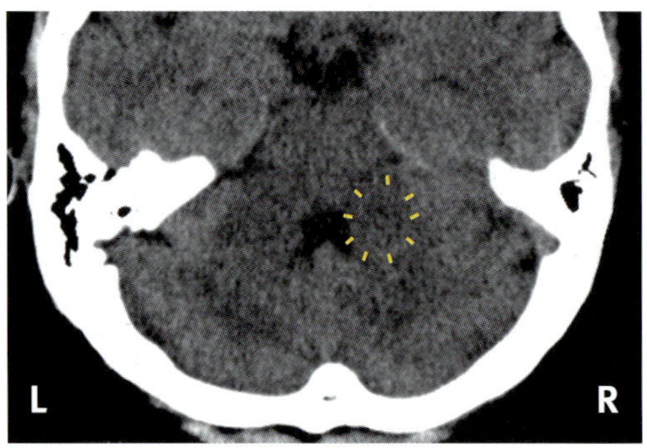

Hirn-CT vom 12.12.2010:
Man sieht deutlich (eingestrichelt) den riesigen HAMERschen HERD im rechten Stammhirn für den assoziierten Todesangst-Konflikt für den Sohn. Rechtes Stammhirn bedeutet immer, einen Brocken, in diesem Fall einen Luftbrocken, nicht hereinholen zu können. Man sieht deutlich die Schießscheibenkonfiguration (ca-Phase) ohne Ödem.

Die vorangehenden Bilder der linken Seite stammen von einer 51jährigen Patientin, einer studierten Biologin. Diese erlebte, daß der Nachbarjunge, Spielkamerad ihres damals 13jährigen einzigen Sohnes, allein in der Nachbarwohnung an einem epileptischen Anfall (Aspirations-Erstickungstod?) starb.
In diesem Moment erlitt sie um den eigenen Sohn, der damals zufällig für einige Stunden nicht da war, eine panische zwanghafte Todesangst, die seit zweieinhalb Jahren auch heute noch anhält. Nach mehr als zwei Jahren des langsamen stetigen Wachstums, während die in Spanien lebende Patientin von ihrer zwanghaften Todesangstpanik, die völlig paranoisch war, also keinen vernünftigen Grund hatte, durch nichts abzubringen war, entschloß man sich zu einer Exstirpation des rechtsseitigen Lungentumors. Die Paranoia bestand darin, daß der Sohn keine Epilepsie hat, auch wohlbehütet zu Hause lebt und eigentlich kein ersichtlicher Grund besteht, warum dem Sohn so etwas passieren sollte, wie dem Nachbarjungen passiert ist. Die Patientin ist, wie gesagt, studierte Biologin. Ein typischer Fall, wie so ein Zwangsdenken (Anankasmus) am logischen Verstand vorbeiläuft.
Eigentlich ist ja, wenn man so will, jedes SBS bis zu einem gewissen Grade ein Zwangsdenken „Er denkt Tag und Nacht an seinen Konflikt und wie er ihn lösen könnte." Nur ist das meistens ein mehr oder weniger verständliches, biologisch verstehbares Zwangsdenken.
Dagegen ist das Zwangsdenken bei dieser Patientin paranoid, weil es außer dem DHS keine vernünftige Begründung gibt.

Von dieser Patientin existieren natürlich nur Bilder der ca-Phase. Übrigens haben wir nach der Tumorexstirpation hier Angst, daß der phantomatöse solitäre Rundherd phantomatös weiterwachsen kann und dann irgendwann am Operationsrand real wieder auftauchen könnte, denn er befindet sich ja noch immer in der ca-Phase!

Bei dem vorigen Fall, dem Patienten mit dem Haupttumor rechts, besitzen wir naturgemäß nur Bilder von der pcl-Phase. Das ist auch das Übliche, daß der Patient erst bei den Symptomen Fieber, Husten, Nachtschweiß, extreme Schlappheit und Müdigkeit, zum Arzt geht. Dann ist solch ein Patient eben in der Tuberkulose, die man eigentlich nicht übersehen kann.
In der heutigen sog. Schulmedizin wird die Tuberkulose dagegen quasi nie mehr diagnostiziert, weil der Patient sofort Chemo bekommt und dann „Tumorpatient" bleibt, denn alle Lösungssymptome (Fieber, Husten, Nachtschweiß, extreme Schlappheit und Müdigkeit) verschwinden unter Chemo augenblicklich. Das ist aber kein Erfolg, sondern die medizynische Dummheit im Quadrat.

Im Nachfolgenden bringen ich die handfesten Beweise, daß wirklich die Juden nicht nur in Israel sondern weltweit die Germanische Heilkunde (Germanische Neue Medizin®) kennen und praktizieren.

Unter dem 28. Januar 2005 veröffentlichte Prof. Joav Merrick[1] (Ärztlicher Direktor innerhalb des Ministeriums für Soziales von Israel, Prof. für Pädiatrie der Ben Gurion Universität, Beer-Sheva, Israel): „Rationalität und Irrationalität in Ryke Geerd Hamers Methode der ganzheitlichen Behandlung von metastasierendem Krebs[1]“:

> „Aus theoretischer Sicht stellen wir daher fest, daß Hamers erstes Gesetz (**die Eiserne Regel des Krebs**), **fundiert ist**“ ... und an anderer Stelle:
>
> „Die beiden ersten Grundsätze von Hamers Arbeit, nämlich die psychosomatische «Eiserne Regel des Krebs» (Hamers erstes „Gesetz“) und das Prinzip der Umkehrung der Pathogenese in Salutogenese (Hamers zweites „Gesetz“) gelten in der heutigen Ganzheitsmedizin als anerkannt.“

Merrick & Co. lügen, wenn sie weiter schreiben:

> „Erst nach Jahrzehnten theoretischer Arbeiten, und erst, nachdem es uns vor Kurzem gelungen ist, ähnliche Heilungsprozesse mit Krebspatienten in unserer eigenen Forschungsklinik zu erreichen, waren wir in der Lage, das umstrittene erste Gesetz von Hamer zu akzeptieren und zu verstehen.“

1986 hat uns der Pariser Oberrabbiner Denoun verraten, daß sein damaliger Chef, Weltoberrabbiner der Chassidim in New York, Menachem M. Schneerson, mit einem Kommentar 1984 für alle Juden verbindlich die Verpflichtung in den Talmud geschrieben hat, alle Juden der Welt müßten sich nach der Germanischen Heilkunde therapieren lassen.

Merrick & Co. haben ihre Veröffentlichung, daß die beiden ersten Biologischen Naturgesetze richtig seien, mit dem Richter und ranghöchsten Rabbiner Frankreichs, Francois Bessy, zeitlich genau abgestimmt. Er hatte mich mit einer der ersten Euro-Orders 2004 nach Frankreich verschleppt (3 Jahre Gefängnis), weil angeblich vier mir gänzlich unbekannte Patienten kurz vor ihrem Chemo-Tod noch in meinen Büchern Germanische Heilkunde gelesen hätten, die ja falsch sei. Kurz vor der Veröffentlichung von Rabbi Merrick und Co. am 28.1.2005, mit der ja die GERMANISCHE jüdischerseits ministeriell als richtig erklärt wurde, hätte ich die Germanische Heilkunde unmittelbar vorher noch offiziell an die Rabbiner abtreten sollen, hätte mich verpflichten sollen, nie mehr über die Germanische Heilkunde zu sprechen oder zu schreiben, hätte in Frankreich Wohnung nehmen und mich jede Woche einmal bei der Polizei melden sollen. Noch viel schlimmer: Ich wäre, wie unsere Batimentschefin im Gefängnis mir später gestanden hat, danach sofort zwangspsychiatrisiert und in eine psychiatrische Klinik versenkt worden. Die neuen „Besitzer“ der Germanischen Heilkunde hätten diese natürlich sofort umbenannt in „Jüdische Neue Medizin“.

1 The Scientific World Journal, VOL: 5, p. 93-102, 2005012

Inzwischen wissen wir aber daß schon seit Okt./Nov. 1981 alle jüd. Ärzte der Welt nach der Germanischen Heilkunde praktizieren (siehe Dokument des Anwalts Koch in Schwerin vom 8.7.2010).

Anwaltskanzlei Koch

RA Koch · Grunthalplatz 13 · 19053 Schwerin

Joachim I. Koch
Rechtsanwalt
zugelassen auch am
Oberlandesgericht Rostock

Grunthalplatz 13
19053 Schwerin
Tel.: 0385 / 555 193
Fax: 0385 / 555 9637

Herrn
Dr. Ryke Geerd Hamer
per Fax! 0047 33522134
Sandkollveien 11
N-3239 Sandefjord
NORWEGEN

08.07.10
Az.: j53_725

Dr. Hamer ./. Universität Tübingen
VG Sigmaringen wg. verschiedener Anträge (ursprünglich Widerklage)

Sehr geehrter Herr Dr. Hamer,

der Ihrerseits vorgetragene Sachverhalt,

daß offenbar schon im Oktober 1981 bei der Universität Tübingen die Richtigkeit der (Germanischen) Neuen Medizin bekannt war,

ist unstreitiger Sachverhalt im Prozeß gewesen.

Weder hat die Universität Tübingen dieses bestritten, noch ist das Gericht in seinem Urteil v. 25.6.2010 (Geschäftszeichen 8 K 399/08) davon ausgegangen, daß hierüber Zweifel bestünden.

Mit freundlichem Gruß

Koch
Rechtsanwalt

Schon im Oktober/November 1981 haben fünf jüd. Medizinprofessoren der Universität Tübingen, wie uns der Justitiar der Universität verraten hat, an mehr als hundert Patienten hinter verschlossenen Türen geprüft und festgestellt, daß der Dr. Hamer wirklich ***„den Stein der Weisen in der Medizin“*** *entdeckt hatte. Das wird heute nicht mehr bestritten.*
Aber sofort haben sich der Welt-Oerrabbiner Menachem Schneerson in New York und sein Rabbinerkollege, der jüd. Papst der kathol. Kirche in Rom, eingeschaltet und die Germanische Heilkunde mit ihrer 99% igen Überlebensrate bei Krebs für alle Nichtjuden verboten.
30 Jahre lief der Prozeß im Verwaltungsgericht Sigmaringen. Schließlich kam der Betrugsprozeß vor den Verwaltungsgerichtshof in Mannheim: In einem Telefonat im Sept. 2011 sagte der Richter Klein zu mir: „Ja, Herr Dr. Hamer, es stimmt zwar, daß die Universität nicht mehr bestreitet, Betrug gemacht zu haben, aber sie gibt es ja auch nicht förmlich zu.“
„Aber Herr Richter Klein, einen Massenmörder, Räuber oder Kinderschänder zur Wahrheit zu zwingen, ist doch die Aufgabe des Gerichts.“
„Ja“, sagte Richter Klein, „das stimmt zwar, aber die Universität Tübingen kann man nicht zur Wahrheit zwingen.“
Damit brach er das Gespräch ab und der Verwaltungsgerichtshof entschied für die betrügerische Universität und gegen Milliarden von Toten.

Newsletter der Botschaft des Staates Israel

Israel Diplomatic Network

Komplette Druckversion | Botschaft des Staates Israel - Berlin | Mittwoch, 29.10.2008

GESELLSCHAFT

Rückgang der Krebsfälle in Israel

Die Verbreitung von Krebserkrankungen befindet sich in Israel im rückläufigen Trend. Dies teilte der nationale Krebsregistrator, Dr. Micha Barchana, heute mit. Grund dafür ist vor allem der Rückgang von Dickdarm-, Brust- und Lungenkrebs.

Barchana wies darauf hin, dass wegen des Bewusstseins der Öffentlichkeit und damit zusammenhängenden Vorsorgeuntersuchungen Fälle von Brustkrebs zunehmend im frühen Stadium entdeckt würden. Aktuellen Angaben zufolge sind im Jahr 2006 3075 Fälle von Brustkrebs registriert worden (gegenüber 3144 im Jahr 2005). Nach wie vor hohe Brustkrebsraten verzeichnet der arabische Sektor.

Auch die Zahl der Krebstoten ist im Laufe der vergangenen Jahre zurückgegangen. So starben etwa im Jahr 2004 152 Menschen in Israel an Krebs; 2003 waren es 160 Tote.

(Haaretz, 22.10.08)

14/01/2010 16:09

Zum Vergleich: In Deutchland werden täglich ca. 3000 Patienten mit Chemo und Morphium vorsätzlich exekutiert, also ca. eine Million pro Jahr von denen aber statistisch betrügerischerweise inzwischen auf Anordnung der Ärztekammer 800.000 Chemo- und Morphium-Tote als Herz-Kreislauftote geführt werden müssen.

Krebs: in Israel auffallend selten

Der nationale Krebsregistrator von Israel, Dr. Micha Barchana, teilte neulich mit, daß die bereits schon sehr niedrigen Krebsraten in seinem Land erfreulicherweise weiter abnehmen. Dies trifft vor allem auf Dickdarm-, Brust- und Lungenkrebs zu.

Bereits im Jahr 2004 starben von den 7,4 Millionen Einwohnern Israels nur gerade 152 Menschen an Krebs. Dies ergibt rein rechnerisch die sensationelle Zahl von 0,4 Krebstoten pro Tag. Zum Vergleich: Im selben Jahr erlagen allein in Deutschland 220'000 Menschen dem Krebs – also 601 Personen jeden Tag. In Österreich waren es 2008 täglich 55 Krebstote und in der Schweiz „nur" 40.

In Israel jedoch liegt dieser Wert immer noch um den Faktor 100 tiefer! Aus den israelischen Statistiken geht hervor, daß die meisten Krebsopfer der nichtjüdischen Bevölkerung entstammen. Somit ist die Todesrate unter den Juden nochmals geringer.

Warum nur? Leben die Israelis gesünder? Nicht wirklich, denn auch dort raucht beispielsweise jeder vierte. Der Schlüssel liegt ist die Krebsbehandlung an sich: Weil man in Israel den Krebs aus einer ganzheitlichen Sicht betrachtet und die totale Entgiftung von Körper, Seele und Geist als oberste Priorität setzt, im Verbund mit einer gesunden Ernährung.

Ganz offensichtlich funktioniert dieser natürliche Therapieansatz bestens. Nur schade, daß die Schulmedizin im Rest der Welt noch immer auf dem „Mordsgeschäft" von Chemotherapie, Bestrahlung und Radikalschnitt besteht. Helfen tut das nämlich nicht. Weltweit steigen die Krebserkrankungen immer noch an. Allein in Europa starben 2006 daran insgesamt 1,7 Millionen Menschen. Insider schätzen jedoch, daß es in Wahrheit weit mehr sind, weil viele Krebspatienten im nachhinein an den Folgen einer herkömmlichen Behandlung sterben und dann in der Statistikspalte für „Herz- und Kreislauftote" landen.

Zahlen können manches erhellen. So auch, wenn man die jährlichen Krebstoten in einem Land, auf die jeweilige Bevölkerungszahl bezogen, auf eine Million Einwohner umrechnet und die so erhaltenen Werte der verschiedenen Länder miteinander vergleicht: Auf eine Million Deutsche kommen 2'683 Krebsopfer pro Jahr. In der EU (25 Mitgliedstaaten) liegt dieselbe Vergleichszahl bei 2'522 Toten, in Israel bei 21. Somit ist das Risiko, an Krebs zu sterben, in Europa 120 Mal größer als in Israel.

Da gibt es nur eins: Entweder nach Israel auswandern oder sich nur naturheilkundlich behandeln lassen! ■

Zum Artikel der Zeitenschrift von 6.4.2009 „Krebs in Israel auffallend selten".
Natürlich behandeln die jüd. Arzte ihre jüd. Patienten nicht „naturheilkundlich" sondern streng nach der Germanischen Heilkunde.

Welche sind die Konsequenzen meiner Entdeckung der Germanischen Neuen Medizin® für jüd. Patienten?
Wir stellen fest: Regierungsmitglied Joav Merrick hat 2005 mitgeteilt, daß er sich „mehrere Jahrzehnte", d.h. seit 1984 (Talmudkommentar von Rabbi Schneerson nach Oberrabbiner Denoun) mit der Germanischen Heilkunde beschäftigt hat. Er hat (natürlich schon nach wenigen Tagen, aus taktischen Gründen der Exkulpation aber erst 2005 zugegeben), festgestellt, was ja schon seit 1981 bekannt war, daß die beiden ersten biologischen Naturgesetze (die Eiserne Regel des Krebs und das Gesetz der Zweiphasigkeit) richtig sind und in Israel allgemeine Akzeptanz haben. Sprich: Sie werden von allen Juden der Welt praktiziert.
Also: Wenn die beiden ersten biologischen Naturgesetze allgemein anerkannt sind, das bedeutet, daß z. B. Lungen-, Leber-, Pankreas-, Dickdarm- oder Brustdrüsen-Krebse in Israel seit 30 Jahren keine echten Erkrankungen mehr sind, sondern Sinnvolle Biologische Sonderprogramme, bei denen, wenn der Konflikt mit Hilfe der Rabbinner und der jüd. Ärzte gelöst wird, was in 99% der Fall ist, die Patienten in die Heilungsphase kommen, wo der Tumor ohne Chemo und Morphium von alleine (Tuberkulose) verschwindet. Diese glücklichen Patienten haben keine Panik, weil ihre Rabbiner und jüd. Ärzte bestens Bescheid wissen mit der GERMANISCHEN und ihnen bei der Konfliktlösung und bei kleinen Komplikationen in dafür speziell ausgerüsteten Krankenhäusern helfen können. Dadurch überleben die jüd. Patienten natürlich zu 99%.

Welche Konsequenzen hat meine Entdeckung der GERMANISCHEN seit 30 Jahren für nichtjüd. Patienten? – Keine ! Für die Nichtjuden bleibt die Germanische Heilkunde pur verboten. Wir haben nicht einmal einen einzigen Doktor, der nur Germanische Heilkunde praktizieren darf, ich selbst habe seit 25 Jahren Berufsverbot. Wir haben keine Krankenhäuser für unsere Patienten. D. h., wenn die nichtjüd. Patienten z. B. Lungen-, Leber-, Pankreas- oder Brustdrüsen-Krebse haben und ahnungslos zu ihrem jüd. Onkologen gehen, dann sind das alles allerschwerste, „bösartige", „tödliche" Krankheiten die quasi keine Überlebenschance haben und in wenigen Monaten zum Tode führen. Die Patienten sind in totaler Panik durch diese betrügerische Diagnose und Prognose die als einzige existierende Mögligkeit angeboten wird. Sie lassen sich dann in angeblicher Ermangelung einer Alternative, schließlich wie Schafe zur Schächtbank führen. Zynischerweise sagt man ihnen, das Leben könne noch ein bischen verlängert werden mit Chemo und Bestrahlung und die Schmerzen verringert werden mit Morphium.

Meine Gegner und die durch Propaganda zumeist hirngewaschenen Menschen wollen oder können mich nicht verstehen. Sie meinen, ich solle mich auf die Germanische Heilkunde beschränken und die Sterbenden und Toten vergessen. Könnt Ihr denn ruhig bleiben, wenn Ihr wißt, daß morgen vielleicht schon Euer Kind und übermorgen Eure Geschwister oder Eltern erbarmungslos exekutiert werden, und das ohne jegliche Notwendigkeit und einzig aus religiösem Wahn? Bitte versteht, daß ich als Entdecker dieser wunderbaren Germanischen Heilkunde ganz besonders die Pflicht habe den Massenmord an unseren Patienten zu wehren. Und diese Pflicht werde ich bis zum Ende meines Lebens treu erfüllen.

Die 5 Biologischen Naturgesetze®
der Germanischen Heilkunde in der Musik

Seit die Medizin durch die Germanische Heilkunde zu einer reproduzierbaren Wissenschaft geworden ist (und zwar in jedem einzelnen Fall) – und seit wir wissen, daß die großen Meister der Komposition ihre Kompositionen nach den Regeln der Germanischen Heilkunde bzw. auch nach den 5 Biologischen Naturgesetzen® als Sinnvolle Biologische Sonderprogramme® geschrieben haben, eben in Noten statt in Worten – sind Musik und Germanische Heilkunde ganz eng miteinander verbunden, ja das eine ist ohne das andere nicht mehr zu denken.

Zunächst können die Menschen das gar nicht verstehen, daß wir uns bemühen müssen, die Musik, die wir stets nur „geschmacklich" ästhetisch und nach melodischen Gesichtspunkten beurteilt hatten, nunmehr nach einem naturwissenschaftlichen Grundtyp zu verstehen.
Das ist die phantastische Entdeckung der jungen Musikprofessorin Dr. Giovanna Conti aus Parma / Italien 2006.

Es gab innerhalb der Musikästhetik schon einige Spielereien: Der besondere Ausdruck der verschiedenen Musikinstrumente, die Harmonielehre, Dur und Moll, die Hypothese vom Goldenen Schnitt in der Musik etc.
Aber das Biologische Musikverständnis ist etwas ganz anderes. Es soll gleich gesagt werden: Die von uns so geliebte Musik verliert nichts von ihrer Schönheit und Faszination dabei, sondern sie gewinnt noch.

Das Nächste, was wir Menschen vielleicht noch schlechter verstehen können, ist, daß z. B. ein Volkslied oder ein Satz einer Beethoven-Symphonie in vergleichbarer Weise ein Konflikt-Thema und seine Lösung beschreiben.

Der nächste Schritt des Verständnisses ist vielleicht noch schwieriger, nämlich sich vorzustellen, daß nicht nur der Konflikt ein eigener Konflikt des Komponisten war – samt Lösung, sondern daß es sich hierbei um ein sog. Sinnvolles Biologisches Sonderprogramm der Natur® handelt und dazu etwas gehört, das wir früher zwei Krankheiten genannt hatten, z. B. Todesangst mit Lungenrundherden (= Krebs) in der conflikt-aktiven Phase, und Lungentuberkulose in der sog. Lösungs- oder Heilungsphase, die dazu gehört.

Das heißt: Die großen Meisterkomponisten haben ihre ureigensten Konflikte, zusammen mit den körperlichen Symptomen, sowohl in der conflikt-aktiven (= ca-Phase) als auch denen in der konflikt-gelösten Phase (pcl-Phase) mit Noten anstatt mit Worten beschrieben. Und die kleinen Meisterchen der Volkslieder haben das Gleiche gemacht.

Ob die Schubertsche Melodie mit dem SBS übereinstimmt, wissen wir nicht, da Text („Das Heideröslein" von Goethe) und die Melodie (von Schubert) ja von zwei verschiedenen Personen stammen. Ganz klar, daß nun in der Musik, besonders auch in der Wissenschaft, über die Biographien der Komponisten eine große Aktivität einsetzen wird. Daß zwei Strophen des Schubertliedes z. B. die ca-Phase des Goethegedichtes (Heideröslein) betreffen und der Rest die pcl-Phase, ist klar.

Nun hat die Musik ein Kriterium mehr, allerdings ein handfestes, d. h. naturwissenschaftliches, das im Prinzip wie die Germanische Heilkunde, auf drei Ebenen verläuft: der Psyche, dem Gehirn und dem Organ, wobei wir naturgemäß die Gehirnebene bei unseren großen Meistern nachträglich nicht mehr beischaffen können. Es ist schon oft nicht leicht, die psychisch-biographischen Ebenen nachträglich zu interpretieren.
Aber dieses Manko tut dem Prinzip der Sache keinen Abbruch.

In der Germanischen Heilkunde stellen wir üblicherweise folgende Überlegungen an:

1. Unsere zweiphasigen Sinnvollen Biologischen Sonderprogramme® sind „archaisch". Sie gehören zur Natur von Pflanzen, Tieren und Menschen, seit es sie gibt, also wohl seit mehreren Millionen Jahren.
2. Die Musik hat auch offenbar solche Archaischen Melodien®, die mit den Sinnvollen Biologischen Sonderprogrammen® übereinstimmen oder sogar weitgehend identisch sind.

Wenn aber die Archaischen Melodien® und die Sinnvollen Biologischen Sonderprogramme der Natur® aus der Germanischen Heilkunde mehr oder weniger identisch sind, wie unsere großen Meister uns gezeigt haben, dann können wir die Archaischen Melodien® nicht nur verwenden, um uns daran zu erfreuen, sondern auch, um unseren Patienten damit zu helfen:

1. Wir können und sollten uns die Sinnvollen Biologischen Sonderprogramme der Natur® (SBS) als eine unendliche Menge von zweiphasigen Geschehen (samt epileptoider Krise in der pcl-Phase) vorstellen.
2. Zu jedem einzelnen dieser SBS läßt sich eine zugehörige Archaische Melodie® finden. Diese jeweils zugehörigen Archaischen Melodien® herauszufinden, dürfte im Computerzeitalter kein Problem sein.

Wenn wir erst zu allen unterschiedlichen SBS die jeweils unterschiedlichen Archaischen Melodien® wissen, dann wissen wir ja auch, welche Archaische Melodie® zu dem gerade vorliegenden SBS dazu gehört.

Wenn der Patient seinen Biologischen Konflikt faktisch nicht lösen kann, dann könnte die zugehörige pcl-Phase der Archaischen Melodie® hierbei helfen, den Biologischen Konflikt zu lösen, d.h. „in der Illusion" zu lösen, quasi phantomatös. Und es könnte sogar sein, daß ihm dann als Hilfestellung die Gedanken zu Hilfe kommen, wie er den Biologischen Konflikt auch faktisch zu lösen vermag.

Jeweils zwei Teile eines SBS samt epilept. Krise, die wir früher zwei oder drei „Krankheiten" genannt hatten, sind also ein SBS mit Zweiphasigkeit. Es gibt auch hängend-aktive Biologische Konflikte, wie wir es regelmäßig bei den sog. Konstellationen sehen, und auch „hängende pcl-Phasen" (= post-conflictolytische Phasen).
Ebenso gibt es auch in der Musik Kompositionen, die nicht „komplett" sind, also bei denen z.B. die pcl-Phase fehlt. Alles das muß man wissen, wenn man versucht, eine Synopse von Medizin bzw. Germanischer Heilkunde und Musik zu finden.

Für jede große Entdeckung benötigt man erst einmal eine Menge Phantasie, und wenn es nur die ist, daß das Bisherige falsch ist.
Jedenfalls sehen wir uns, d.h. die Universität Sandefjord einer gewaltigen Aufgabe gegenüber. Und wenn unsere wunderbare Musik das auch noch schaffen könnte – quasi als Vermächtnis unserer großen Meister – uns von unseren unlösbaren Konflikten zu befreien, dann wäre das nicht nur eine wunderbare menschliche, sondern sogar eine musische, also göttliche und natürliche Sache.
Wir haben mit der Germanischen Heilkunde und unseren heutigen Computermöglichkeiten ein unschätzbares Handwerkszeug, um die Archaischen Melodien® unserer alten Meister zu verstehen.

Einerseits: Gestern hatte ich Besuch von einem Komponisten, der 20 Jahre lang ein großes Jugendorchester (80 Mitglieder) geleitet hatte. Als er schließlich mit 65 freundlich, aber unmißverständlich „abgesägt" wurde, erlitt er einen Reviermarkierungs-Konflikt der Blasenschleimhaut (Ulceration). Nach vielen Monaten und einem großen „Abschiedskonzert" akzeptierte er innerlich den „Rausschmiß" und fand seinen Seelenfrieden wieder und – die Hälfte der Blasenschleimhaut machte ein gewaltiges Heilungsödem. Weil das Fassungsvermögen der Blase nun stark herabgesetzt war und er jede halbe Stunde auf die Toilette rennen mußte, bekam er Angst. Außerdem blutete es aus der Blase. Die Schülermedizyniker gaben ihm zwei Chemos. Da reduzierte sich die Heilungsschwellung. Dann kratzten sie in völligem Unverstand das gesamte Schleimhaut-Ödem von der Blasenwand ab, sagten ihm aber, wenn es (das Heilungsödem) „nachwachse", müsse man die ganze Blase exstirpieren und aus Darm eine Blasenplastik bauen.
Glücklicherweise fiel ihm da mein Buch – „Krebs und alle sog. Krankheiten, Kurze Einführung in die Germanische Medizin" – in die Hände. Da löste sich der Heilungs-Spuk quasi in Nichts auf. Inzwischen ist fast alles abgeheilt – mit „Nichtstun".

Ich konnte mir nicht verkneifen, dem Patienten eine scherzhafte Frage zu stellen:
„Herr Komponist, könnten Sie denn jetzt nicht mal eine Komposition über Ihren Reviermarkierungs-Konflikt und Ihre Blasen-Ulceration samt Heilungsphase (= Schleimhautplattenepithel-Ödem) komponieren?"
Obwohl meine Frage lachend und scherzhaft gestellt war, war er wie vom Donner gerührt. Schließlich sagte er:
„Nein, das kann ich nicht."

Ich sagte: „Herr Komponist, ich kann Ihnen sagen, warum Sie das nicht können. Ihnen ist Ihr Kopf im Wege. Unsere alten Meister haben ihre Musikkompositionen intuitiv geschrieben. Das ist der Unterschied."

Wenn wir mal genügend Erfahrung haben, können wir vielleicht bei vielen unserer alten Meister einen solchen Reviermarkierungs-Konflikt mit Blasenbluten herausfinden und dem eine bestimmte Komposition zuordnen, – wie gesagt im nachhinein.

<u>Andererseits</u>: Wir haben heute unsere sehr effektiven Computer, mit denen wir tausende von Archaischen Melodien® der Musik mit tausenden von Sinnvollen Biologischen Sonderprogrammen der Germanischen vergleichen können. Irgendwann sind wir so weit, daß wir einer Archaischen Melodie® ansehen können, welches Geschehen auf organischer Ebene (früher genannt „Krankheitsgeschehen", besser zwei Teile eines Sinnvollen Biologischen Sonderprogrammes®) dieser bestimmten Archaischen Melodie® zuzuordnen ist.

Und wenn wir Zehntausende von Archaischen Melodien® auswerten, können wir mindestens annäherungsweise den Konfliktinhalt angeben: z. B., ob es sich um einen Wasserkonflikt handelt, weil der Patient (= Komponist) im Wasser fast ertrunken ist und gerettet wurde, oder ob das Hochwasser des Flusses das Haus unter Wasser gesetzt hatte.

Sicher, das ist ein großes Forschungsvolumen, auch ein bißchen aufwendig. Da müssen Musiker, die die Germanische kennen, mit Germanischen Heilkundigen zusammenarbeiten, die die Musik verstehen. Man muß dabei einfach lernen, unsere alten Meister als damalige Patienten zu verstehen. Sie hatten genauso ihre Sinnvollen Biologischen Sonderprogramme® wie Du und ich. Sie haben sie nur „musikalisch verschlüsselt".

Wenn wir irgendwann auch die 5 Biologischen Naturgesetze® im Detail in den Archaischen Melodien® wiederfinden werden, auch z. B. die Keimblattzugehörigkeit, sogar die Art der Mikroben, und am Ende beglückt feststellen werden, daß es bei den Archaischen Melodien® genauso kein „gutartig" und „bösartig" gibt wie in den Sinnvollen Biologischen Sonderprogrammen®, dann können wir, glaube ich, die Archaischen Melodien® unserer großen Meister noch viel mehr genießen, in Freiheit!, wie wir jetzt ohne Panik die früher gedachten „Krankheitssymptome" einordnen können. Diese Vorstellung ist wahrhaft göttlich! La Medicina Sagrada® (= die heilige Medizin) und die heilige Musik der heiligen Musen des Apollon.

Mein Studentenmädchen

Das Lied „Mein Studentenmädchen", das in Tübingen (Wurmlinger Kapelle) spielt, entstand 1976. Es jährte sich zum 20. Jahr der Beginn unserer Liebe.

Spaziergang zur Wurmlinger Kapelle mit den letzten Sonnenstrahlen

Blick auf die Wurmlinger Kapelle bei Tübingen, zu der wir im Dezember 1956 gewandert waren.

Aber das DHS lag natürlich etwas später: Als mein bezauberndes Studentenmädchen Sigrid zwischen dem 10. und 15. Januar 1957 zurück aus dem Weihnachtsurlaub in Blankenese kam, sagte sie mir: „Du, meine Regel ist einige Tage überfällig, meinst Du, es ist möglich, daß ich ein Kind von Dir bekomme?"
Das war das DHS – ein Revierangst-Konflikt, die Bronchienschleimhaut betreffend. So lieb ich meine Sigrid auch hatte und so sehr ich mir später auch weitere Kinder von ihr gewünscht habe, aber dies war der völlig verfrühte Zeitpunkt.

Revierangst bedeutet: Wie soll es denn in Zukunft weitergehen?
Man muß sich die Situation zum damaligen Zeitpunkt einmal vorstellen. Ein Studentenpärchen, das damals ein Kind bekam, war völlig disqualifiziert. Es gab zur damaligen Zeit nur zwei Möglichkeiten: entweder das Studium abbrechen (beide) und Pharmavertreter werden, oder – den Durchmarsch wagen, den schaffte aber damals quasi niemand. Besonders in unserem Fall, wo wir bettelarm waren und von unseren Eltern – außer dem gesetzlichen Kindergeld (60 DM) keine „müde Mark" bekamen.

Wir entschieden uns trotzdem für den nahezu aussichtslosen Weg, unsere Studien ohne Geld – mit Baby – in Erlangen fortzusetzen (ich Medizin, Theologie und Physik und Sigrid Medizin).

Im Schloßpark in Erlangen, wohin wir „geflohen" waren.
Hier auf dem Rückweg vom Standesamt am 18.05.1957

Auf dem Weg in die Neustädter lutherische Kirche

Auf der Loggia unserer winzigen Ein-Zimmer-Wohnung in Erlangen, Schuhstraße

Wir fuhren auf unserer „Hochzeits-Wochenendreise“ von Erlangen nach Kersbach mit dem Zug, wanderten von Kersbach über Sigridsau nach Forchheim, von dort weiter mit dem Zug nach Behringersmühle in der Fränkischen Schweiz, ca. 20 km von Erlangen.
Zur damaligen Zeit (1957) konnte man nicht einfach in ein Hotel gehen und ein Doppelzimmer verlangen.
Wir zwei Habenichtse und Seienichtse mit einem kleinen Aktentäschchen machten wohl auf den Hotelier keinen besonders seriösen Eindruck. Nachdem er uns streng von oben bis unten gemustert hatte, schüttelte er den Kopf mit strenger Miene und murmelte: „Tut mir leid, wir sind hier kein Bordell. Sie können zwei Einzelzimmer bekommen.“ Da zog ich wortlos unseren Joker aus unserem Aktentäschchen und legte unsere Heiratsurkunde vom Vortag auf den Tresen.
Da klärte sich sein Gesicht augenblicklich auf und strahlend schmunzelte er augenzwinkernd: „Ach so, Hochzeitsreise!“
Wir nickten beide heftig und erleichtert. Dann gab er uns sein schönstes Doppelzimmer und sogar noch zum halben Preis: „Man muß a mol a weng was tun für die jungen Brautpaare.“

Eine kleine Historie vom Vortag:
Zu Mittag hatte unsere Trauzeugin im Standesamt und in der Kirche eine alte taube, weitläufig mit uns verwandte Hebamme Traute Muras aus Erlangen uns arme Kirchenmäuse zum Spargel-Hochzeitsessen in den Goldenen Helm eingeladen.
Unsere Kriegs- und Nachkriegsgeneration war damals nicht verwöhnt. Spargel hatten meine Sigrid und ich bis dahin in unseren Leben nicht zu Gesicht oder zu essen bekommen – wir befanden uns zwölf Jahre nach dem Krieg.
Das war für uns unerschwinglich gewesen, nur „etwas für reiche Leute“. Seither waren Sigrid und ich „verliebt in unser Hochzeitsessen“: weißer Erlanger Spargel.

Bild von der Hochzeitsreise. Wir fuhren zwei Stationen mit dem Zug bis Kersbach, von dort zu Fuß nach Forchheim.

Hochzeitsreise in Kersbach

Sigrid in der Fränkischen Schweiz

Mutter Sigrid mit Tochter Birgit und, verdeckt, Dirk im Salzbödetal bei Marburg im Sommer 1959

Unsere kleine Familie mit Birgit und, verdeckt, Dirk

Vater Geerd und Sohn Dirk

Vater Geerd mit Birgit und Dirk

Nächste Seite: Birgit mit ihrem sehr geliebten Bananenquark

Die fünfköpfige Familie Hamer im Schwarzwald. Da waren wir noch nicht „komplett“, es fehlte noch der Jüngste, Bernd.

Dirk mit seiner kleinen Schwester Gunhild in Entringen. Man achte auf ihren Liebling, das Entchen in ihrer Tasche, das sich sehr wohl fühlt. Dirks bezauberndster Spruch: „Papa, ich habe Dich lieb so hoch wie der Himmel – und noch ein Haus dazu“.

Dirk und Gunhild auf Besuch bei ihrer Großmutter in Blankenese (Hirschpark)

Mein Studentenmädchen Sigrid mit ihren Dreien und schwanger mit Bernd bei einem Ausflug nach Heidelberg

Dirk mit Ponystute Lotte

Gunhild mit unserem Ponyfohlen in Hirschau bei Tübingen

Mit dem Jüngsten, Bernd, hier auf dem Arm seiner großen Schwester Birgit, deren „Geburtstagsgeschenk" er war (9.9.57 – 9.9.63)

Bernd, der Jüngste, mit einem Jahr, der von der Ponystute zärtlich beschnuppert wird

Bild von Entringen bei Tübingen mit dem Blick nach Breitenholz.
„Du lächelst aus fünffach Gesichtern mich an, die zum Pfand Du mir gabst und es bist immer Du. Mädchen mein Mädchen …“
Birgit (1), Gunhild (3), Dirk (2) und Bernd (4)

Das „Zwei-Männer-Bild“
in den Wiesen von Entringen
mit dem Blick auf Breitenholz

Die beiden „Kleinern“
Gunhild und Bernd, hinter unserem Haus
in den Wiesen von Entringen
mit dem Blick auf Breitenholz

Gunhild und Boxerhündin Maja mit zwei Zwerghühnerküken in Eberbach am Neckar.
Dazu kam dann Dirks Entenküken Schnatt, das Dirk ausgebrütet hatte, als er mit seinem verunfallten und operierten Bein sechs Wochen im Bett liegen mußte. Schnatt lief immer hinter Dirk her.
Das Trio Dirk, Maja und Schnatt waren unzertrennlich und drei Originale zusammen. Maja wiederum bewachte Schnatt auf Schritt und Tritt. Als sie erwachsen war, setzte Dirk sie in dem Flüßchen Itter aus, das durch Eberbach fließt, woher ja das Entenei auch stammte, das bei Hochwasser ans Ufer gespült worden war.
Aber sie blieben weiter dicke Freunde. Vielmals am Tag setzte sich Dirk an die Itter. Auf seinen Ruf kam Schnatt sofort angeschwommen, kam auch aus dem Wasser heraus und hatte auch keine Angst vor Maja. Schnatt setzte sich auf Dirks Schoß und dann wurde ein Schmusestündchen gehalten. Danach verabschiedeten sie sich wieder, wobei auch Maja sie zärtlich leckte. Dirks Tierliebe kannte keine Grenzen und alle Tiere liebten ihn auf ganz natürliche Weise.

Dirk hat seinen „Schnatt“ unendlich oft gezeichnet. Hier ein Bild, das er mit 8 Jahren seiner Großmutter in Blankenese gemalt hat.

Dirk bei einem herzhaften Kuß für seine heißgeliebte Boxerhündin Maja.
1968 in Eberbach am Neckar.
Wie sehr Dirk seine Tiere als seine heiß geliebten Geschwister ansah, zeigt eine Karte an seine Großmutter in Blankenese (mit 8):
„liebe Oma, Maja geht es gut, den anderen auch. Viele Grüße Dein Dirk“

Die Rasselbande auf Sylt:
„Du lächelst aus fünffach Gesichtern mich an, die zum Pfand Du mir gabst – und es bist immer Du …“

Den schlanken, ebenmäßigen Wuchs haben die Töchter von der Mutter Sigrid (aus Stettin) geerbt. Hier die älteste Tochter Birgit, das in Erlangen geborene Kind unserer Liebe, mit 18 im Juli 1976 als Vertreterin Deutschlands auf der Miss Universum-Wahl in Hong Kong. Sie wurde von der Jury als strahlende Prinzessin zur Miss Universum gekürt, wie sie mir damals am Telefon berichtete. Aber dann sagte man ihr, sie müsse dann auch zwei Monate mit dem ganzen Club der Misses durch Amerika tingeln, stets im Bikini. Da zog sie quasi in letzter Stunde zurück.

Der Konflikt ging gar nicht dramatischer, aber die Sympathicotonie half mir, dem ohnehin „Nerven wie Drahtseile“ nachgesagt wurden, das Unmögliche zu schaffen, das ich ohne Konfliktaktivität nicht geschafft hätte. Das ist der Biologische Sinn dieses Revierangst-Konfliktes.

Hierher gehört eine wahre kleine Historie:
Unser weniges Geld war für gut ein Jahr, von Mai 57 bis Juli 58, sehr knapp bemessen. Aber sechs Wochen vorher waren wir, trotz größter Sparsamkeit, quasi am Ende. Jetzt kehrte Schmalhans Küchenmeister bei uns ein, genau zum falschesten Zeitpunkt.

Schließlich waren wir so knapp dran, daß wir nur noch für einen von uns beiden Mensa-Essensmärkchen (60 Pf.) kaufen konnten. Das war natürlich Sigrid, die auch Physikums-Examensprüfungen machen und unsere neun Monate alte Tochter Birgit noch halb stillen mußte. Für mich machte die Not erfinderisch: Suppennachschlag gab es in der Mensa umsonst. Also holte ich für Sigrid fünfmal Suppen-Nachschlag, die ich dann essen durfte. Die Bediensteten in der Mensa wunderten sich, daß mir die Plürresuppe sooo gut zu schmecken schien. Wenn die gewußt hätten ... Denn das konnte sich selbst dort niemand vorstellen, daß man für Mensa-Essensmärkchen kein Geld mehr hat.

Aber vier Wochen vor unseren Examina sagten wir uns, daß das so nicht weitergehen konnte in der ganz heißen Examensphase.

Da gab es einen winzig kleinen Milchladen in der Schuhstraße, der von zwei älteren Flüchtlingsfrauen aus Böhmen geführt wurde, den „Milchfrauen", wie meine Sigrid sie getauft hatte (Kunigunde und Hete). Diesen beiden gehört hier ein bescheidenes Denkmal der Menschlichkeit gesetzt. Bei denen waren wir seit einem Jahr Kunden. Denen vertraute sich meine Sigrid an, quasi von Frau zu Frauen : daß unser beider Familien zwar sehr christlich, ansonsten aber Totalversager seien, von denen wir keine Mark bekommen könnten. Sie bat sie, daß wir die letzten vier Wochen bis zum Examen „anschreiben lassen" dürften. Nach dem Examen könnten wir dann die Schulden gleich zurückbezahlen.
Die gutmütigen Milchfrauen waren einverstanden.

Das war für uns jetzt die Basis, auf der wir nunmehr unser beider Examen aufbauen konnten: Wir hatten für den Endspurt Milch, Butter, Eier, Käse, Quark und Kinder-Vitamin-Nahrung, obwohl meine Sigrid noch zu Hälfte stillte. Das gab uns ungeheuren Auftrieb zum Examen. In dieser dynamischen „Hoch-Zeit" haben wir unseren Dirk in Erlangen gezeugt.
Die Menschen heute können sich das wahrscheinlich gar nicht vorstellen, wie hart die Zeiten damals waren. Unsere „Milchfrauen" haben wir verehrt ob dieser menschlichen Geste, ohne die wir unsere Examina nicht bestanden hätten. Und wir konnten unsere Schulden (ca 300 DM, für die „Milchfrauen" ein kleines Vermögen) auch nach dem Examen sofort zurückbezahlen. Wir schämten uns unserer Familien, aber unsere lieben „Milchfrauen" trösteten uns. Natürlich hätten unsere Familien uns leicht helfen können, taten es aber nicht, denn unsere Tochter war ja „vorehelich" als Kind der Liebe gezeugt. Und solche große Sünde gehörte damals doch nach Christlichkeit mit Examensdurchfall bestraft.

Die erste Lösung

Die erste Lösung meines Revierangstkonfliktes erfolgte, als ich Mitte 1958 (Ende Juli) das theologische Examen zum lutherischen Lizentiaten nach acht Semestern (und damals Rekord!) geschafft hatte. Ich weiß noch, wie ich zwei bis drei Monate später, mit einem ungeheuren Husten (mit Fieber = Lungenentzündung) meine Bronchial-Atelektase auf gehustet habe. Aber ich habe später eine Reihe von Rezidiven gehabt (Grund: finanzielle Schwierigkeiten, Examina,

Probleme in der klinischen Ausbildung etc. etc.) Und immer bekam ich danach wieder den langen großen Husten und Pneumonie mit Öffnung der erneuten Bronchial-Atelektase. Das also war der Inhalt des biologischen Konfliktes auf psychischer und organischer Ebene.

Wenn Ihr nun, wie bei den großen Musikmeistern der Instrumental-Kompositionen, nur die Melodie von „Mein Studentenmädchen" hättet, dann wäre es sehr schwer, daraus das zugehörige SBS (Konflikt) zu recherchieren, denn das würde eine ziemlich genaue Kenntnis des Lebenslaufs voraussetzen. Nicht nur das. Man müßte auch die Archaische Melodie® an die richtige Stelle des Lebenslaufes einsetzen. Das ist nicht leicht, wie „Mein Studentenmädchen" zeigt.

Aber es wird für begeisterte Musiker und gleichzeitig Kenner der Germanischen Heilkunde eine spannende Sache werden – ein völlig neuer Wissenschaftszweig der Musik. Es ist eine Herausforderung für intelligente und zugleich menschlich empfindende Wissenschaftler.

Auch wenn ich, ich sagte es schon mal, nur ein ganz kleiner Musiker bin, so bin ich doch stolz darauf, daß ich dieses Liebeslied intuitiv in der Zweiphasigkeit empfunden und geschaffen habe, fünf Jahre bevor ich die Germanische Heilkunde entdeckte mit den analogen Sinnvollen Biologischen Sonderprogrammen®.

Und auch wenn ich natürlich stolz darauf bin, daß „Mein Studentenmädchen" nunmehr zum Prototyp der Archaischen Melodien® geworden ist, so weiß ich doch, daß das Empfinden dieses Liedes einfach nur das Natürliche ist, weil die Archaischen Melodien® quasi ein kosmisches Gesetz sind – so, wie der gesamte Kosmos in lauter Archaischen Melodien® schwingt.

Wir müssen wieder lernen, natürlich zu sein, nicht nur natürlich zu denken und zu empfinden, sondern z.B. auch ganz natürlich zu singen, z.B. Archaische Melodien®.
Eine kleine Begebenheit soll das verdeutlichen: In einer kleinen Ärzterunde wurden wir von unserem Chefarzt gefragt, welche Position wir denn mal anstreben würden. Die Kollegen brachten zögerlich heraus, daß sie eigentlich auch gerne Chefarzt sein würden oder mindestens große Fachärzte mit einer „Praxis aurea" (Gold-Praxis).
Ich kam als letzter an die Reihe und sagte: *„Ich möchte gerne normal sein und auch weiter bleiben."*
Lautes Gelächter, wie kann man sich bloß so etwas wünschen!
In Wirklichkeit ist es ja das Höchste, was wir erreichen können, eben normal zu sein, was gleichzeitig optimal heißt.
„Mein Studentenmädchen" wurde also 1976 geschrieben, Text und Melodie stammen beide von mir. Deshalb ist auch der Konflikt authentisch zum Text. Die allermeisten Volkslieder haben einen Text, zu dem dann ein anderer eine Melodie gemacht hat. So ist es ja auch bei den Opern und Operetten, den meisten Arien etc.

So ist es auch, wie wir sehen, wenn Schubert das Heideröslein von Goethe „vertont". Das Gedicht von Goethe verläuft nach der Zweiphasigkeit und auch die Melodie für jeden einzelnen Vers von Schubert verläuft nach der Zweiphasigkeit. Und trotzdem ist das alles nicht „echt". Es wäre so, als wollten wir einem Patienten einen seinem Konflikt ähnlichen Konflikt unterstellen.
Das funktioniert deshalb nicht, weil man ja zur Lösung den echten Konflikt braucht. Nur den zu lösen, macht Sinn.

Bei „Meinem Studentenmädchen" hat auch der ganze Text eine Zweiphasigkeit, aber jeder einzelne Vers auch. Sehr interessant ist hier nicht nur die Lösung (einstweilige oder endgültige) sondern auch die Rezidive, sowie die „Schienen".

Die weiteren Lösungen des Konfliktes

Es gab viele Lösungen, aber nicht definitive. Die definitive Lösung wäre tragischerweise kurz vor dem Tod meines Dirk gewesen, wo alle unsere Probleme gelöst schienen. Ich weiß noch, wie der Bankdirektor Klockow der Heidelberger Volksbank mir sagte: *„So, Herr Dr. Hamer, jetzt können Sie sich Ihren Traum erfüllen, in Süditalien eine Praxis mit kostenloser Behandlung für arme Leute zu machen. Wir von der Bank sorgen dafür, daß Sie immer genügend Geld haben, denn wir haben ja die Patentverträge mit unterschrieben und wissen, daß jetzt jeden Monat genug Geld eingeht."*
Die Bank finanzierte mir noch einen Diesel-Mercedes (sog. „Silberpfeil") für Italien, den ich noch heute mit 3 Millionen Kilometern und ohne Unfall fahre.

Die Rezidive und die Schienen

Die erste Lösung meines Biologischen Konfliktes war sicher im Sommer 1958, als ich das theologische Fakultätsexamen (Lic. theol. = Mag. theol.) in Erlangen bestand. Jetzt war ich schon nicht mehr „gar nichts", keine „verkrachte Existenz" mehr, womit ja niemand außer meiner Frau und mir gerechnet hatte. Meine Brüder hatten Wetten abgeschlossen, daß ich es nicht schaffe, neben zwei kompletten anderen Studien (Medizin und Physik) noch in Rekordzeit nach acht Semestern das schwerstmögliche theologische Universitäts-Lizentiaten-Examen zu bestehen.

Aber da meine Frau und ich weiterhin bettelarm, aber glücklich weiterstudierten, waren die Konflikt-Rezidive mit jeweils nachfolgender Lösung und Bronchial-Atelektasen, Pneumonie und wochenlangem Husten schon vorprogrammiert. Allerdings so hart wie in Erlangen wurde es nicht mehr – aber anders hart. Denn nun kamen wie die Orgelpfeifen die von uns herzlich ersehnten Kinder, vier an der Zahl. Das erste am 09.09.1957 und das letzte am 09.09.1963.
Und da ist jetzt etwas Interessantes anzumerken: Das DHS – Anfang/Mitte Januar 1957 – hatte ja mehrere Aspekte (sog. „Konflikt-Schienen").

1. Den Rest des Lebens als „verkrachte Existenz“ herumzulaufen, was zur damaligen Zeit unter solchen Umständen geradezu zwangsläufig war.
2. Der Biologische Konflikt (DHS) war ja an der Schwangerschaft bzw. an dem zu erwartenden Baby meiner Frau „aufgehängt“.

Zwar freuten wir uns damals, so auch später auf unsere Kinder, denn wir waren beide Kindernarren, aber meine Schwiegermutter stöhnte jedesmal: *„Mußte das denn schon wieder sein, habt Ihr nicht schon genug Probleme?“*
Meine Frau (26 Jahre) machte mit drei Kindern in Tübingen Staatsexamen. Als sie im Fach Innere Medizin mit ihrer Examensgruppe zur mündlichen Prüfung im Dienstzimmer des Professors war, und der mal kurz auf die Toilette mußte und ihre drei Kinder vor dem Prüfungszimmer sitzen sah, die alle die Daumen gedrückt hielten, und die Älteste die Geschwister dirigierte: *„Mama, mach ‘ne gute Prüfung“* ... – da kam er ins Prüfungszimmer zurück und fragte meine Frau Sigrid, die einzige Studentin der Gruppe: *„Sagen Sie, Frau Kollegin, sind das da draußen Ihre Kinder?“*
Da sagte mein Studentenmädchen mit ihrem ganzen entwaffnenden Charme:
„Ja, sind die nicht süß, Herr Professor?“
„Ja“, murmelte er, *„es sind wirklich sehr hübsche Kinder.“*

Natürlich konnte man eine Kollegin mit drei Kindern gar nicht durchfallen lassen, die mit ihrem phänomenalen Gedächtnis ganze Lehrbücher auswendig wußte. Und sie machte ein sehr gutes Examen.

Zwei kleine Anekdoten mögen das veranschaulichen:

1. Aus Einer gegen alle - Erkenntnisunterdrückung der Neuen Medizin, Seite 23, März 2005 Amici di Dirk Verlag.

Meine Frau war eine sehr charmante und begeisterungsfähige, dazu sehr warmherzige und gütige Frau.
In Physik war sie durchgefallen im Physikum.
Nun präparierte ich sie wieder: Ich schrieb ihr die ganze Physik auf 10 Seiten zusammen. Nach Lektüre der Hälfte gab sie mir die 10 Seiten zurück: *„Das verstehe ich nicht.“* Ich versuchte es mit fünf Seiten.
Auch nicht. – Mit drei Seiten – nichts zu machen.
Da kam mir die rettende Idee: *„Formeln kannst du doch auswendig lernen.”*
„Na klar.“
Ich schrieb zwei Seiten Formeln: Mechanik, Optik, Elektrizität etc.
In einem Tag hatte meine Frau die zwei Seiten spielend auswendig gelernt. Sowohl die Formeln als auch die Bezeichnung in Worten. *„Nun“*, sagte ich, *„wenn der Professor dich was fragt, z. B. über Kraft oder Geschwindigkeit etc., dann haust du ihm mit der größten Liebenswürdigkeit fünf Formeln um die Ohren, ganz selbstverständlich und ruhig.“*
Genau so machte sie es.

Sie strahlte in der Prüfung den Professor an und sagte ihm ganz ruhig und lächelnd jeweils die fünf Formeln auf. Stellte er eine „Vertiefungsfrage", bekam er wieder wie selbstverständlich fünf weitere Formeln serviert.
Bald schon begriff er das Spiel.
Der Professor war von ihrem Charme besiegt, lächelte und sagte: *„Ich gebe ihnen ein genügend."*
Meine Frau: *„Danke."*
Professor Mollwo: *„Aber ich glaube, sie werden das nie richtig verstehen"*.
Meine Frau: *„Da haben sie ganz recht, aber ich brauche doch die Prüfung, um Ärztin zu werden, nicht um Physik zu verstehen."*
Damit hatte sie ihr Physikum bestanden.

Dafür war sie später in beschreibenden klinischen Fächern Eins mit Sternchen. Alle haben sie bewundert. Sie hatte, wie gesagt, ein phänomenales Gedächtnis, wie ich es noch nie bei einem Menschen erlebt habe. Literatur war ihr Hobby. Z. B in den Dostojewski-Romanen wußte sie nicht nur, wann und wo wer was gesagt hatte, sondern auch, was wer wo und wann darauf geantwortet hatte. Dabei mußte sie das nicht etwa auswendig lernen, sondern sie las es „aus Spaß" einmal und wußte es quasi für immer.

Die zweite kleine Anekdote spielt 1964 in der Univ.-Hautklinik Tübingen (Prof. Jordan und OA Friedrich).

Meine Frau machte in der Hautklinik ein Jahr Pflichtassistentenzeit. Sie war, wie gesagt, sehr charmant und sehr klug. Gleich am dritten Tag stammelte Prof. Jordan vor allen Assistenten bei einer neuen Patientin eine völlig unsinnige und falsche Diagnose. Meine Sigrid griff auf ihre sanfte kluge Art ein, um dem Professor eine Blamage zu ersparen:
Ganz genau, Herr Professor, Sie wollten sagen, daß es sich hier um eine Krankheit aus dem rheumatischen Formenkreis handeln müsse. Da kommen ja nur zwei Möglichkeiten in Frage: die von Ihnen schon angedeutete und die andere .... Schönfeld, Seite ...
Der Professor stutzte. Das hatte noch niemand gewagt, ihn zu korrigieren. Aber sie hatte es auf eine so liebenswerte und charmante Art gemacht und ihn dabei so klug sein Gesicht wahren lassen und ihm die Blamage erspart, daß er augenblicklich verstand.
Von da ab hatten der Chef und alle Oberärzte meine Sigrid richtig ins Herz geschlossen: keine Chefvisite mehr ohne Frau Doktor. Wenn dann der Chef eine Diagnose stellen wollte, schaute er fragend zu meiner Sigrid hinüber. Sie tat dann immer so, als nähme sie ihm seine richtige Diagnose aus dem Mund. Die (immer richtige) Diagnose wurde dann sofort von der Stationsschwester in das Krankenblatt und in die Kurve eingetragen, samt Seitenzahl bei Schönfeld. Wenn der Oberarzt am Vortag schon „versehentlich" eine (natürlich nur falsche) Diagnose gestellt und eingetragen hatte und nun die neue Diagnose kam, ging die Stationsschwester hin und strich die gestrige „falsche" Diagnose erbarmungslos aus und schrieb die neue Diagnose ein – samt Seitenzahl bei Schönfeld. Doctora locuta – causa finita (wie bei der Sacra Rota im Vatikan): Roma locuta, causa finita: Roma hat gesprochen, die Angelegenheit ist erledigt.

Aber meine Sigrid war, wie gesagt, so charmant und unaggressiv, daß alle sie gerne hatten. Schon nach wenigen Wochen war eine Chefvisite ohne meine Sigrid völlig unvorstellbar. Wenn sie einen Tag krank war, wurde die Chefvisite sofort verschoben.

Einmal kam ein junger Konassistent zu ihr und wollte die schwierige Diagnose für eine gerade eben gekommene Patientin wissen. Meine Sigrid sagte sie ihm auch, gutmütig wie sie war und auch die zugehörige Seitenzahl im Schönfeld.
Am nächsten Morgen bei der Chefvisite verkündete der Assistent stolz die Diagnose als seine eigene und auch die Seitenzahl im Schönfeld dazu.
Der Chef stutzte und schaute meiner Sigrid in ihre blauen Augen. Die bekam einen roten Kopf und sagte verlegen: *„Die Diagnose stimmt zwar, auch die Seitenzahl, ich habe sie ihm gestern gesagt. Aber das war wohl nicht sehr klug von mir, er hätte ja bis heute zur Chefvisite den einen Tag warten können“.*
„Danke, Frau Kollegin“ schmunzelte der Professor, *„genau so machen wir es in Zukunft.“*

Man sieht: quod licet Jovi, non licet bovi. (was dem Zeus erlaubt ist, ist nicht jeder Kuh erlaubt).
Das Revierverhalten in einer Klinik ist ungeheuerlich: Sich von einer charmanten, gütigen und mütterlichen, dazu noch bildhübschen jungen Assistentin (29 Jahre), Mutter von vier Kindern, die Diagnose machen zu lassen, ist völlig in Ordnung, bzw. kein Problem.
Aber wenn sich da so ein rechthaberischer Jungwolf aufspielt und sich sogar noch mit falschen Federn schmückt, das geht zu weit!
Einen Herz-(Koronar)-Revier-Konflikt habe ich in meinem Leben nie gehabt, aber eben immer mal wieder die Revierangst (Bronchial-Rezidive, wie beschrieben). Das zog sich wie ein roter Faden durch mein Leben (= Schienen).

Die Tragik war: Als ich gerade glaubte, ich hätte den Konflikt nun definitiv gelöst, ballerte ein jüd. Prinz meinen Sohn DIRK im Schlaf nieder. Da liefen die Schienen wieder weiter, schlimmer als vorher. Und trotzdem sind das alles Sinnvolle Biologische Sonderprogramme® – mit Betonung auf **sinnvoll**.

Das einstweilen letzte Rezidiv:

Durch die intensive Beschäftigung mit meinem damaligen Biologischen Konflikt, der „Mein Studentenmädchen“ zum Inhalt hat, war ich wieder „auf die Schiene geraten“. Nur eine Stunde, nach dem wir das Buch zur Druckerei geschickt hatten, setzte wieder die Lösung ein mit einer schweren Bronchitis und großen Mengen von Auswurf. Aber die Konfliktmasse war glücklicherweise nicht sehr groß. Nach zwei Wochen war der Spuk zum größten Teil vorbei. Man sieht, daß es auch bei den „Schienen“ kein positiv oder negativ gibt. Die intensive Erinnerung ist eben „Schiene“.

Nachfolgend die Melodie (= Archaische Melodie®) und der fünfstrophige Text von „Mein Studentenmädchen“.
Der Text ist auch gleichzeitig der Konfliktinhalt des Biologischen Konfliktes.
Mit „Mein Studentenmädchen“ hatten wir erstmals ein komplettes Sinnvolles Biologisches Sonderprogramm® und eine Archaische Melodie®.

Mein Studentenmädchen

2. Ich liebe ein Mädchen seit zwanzig Jahrn
lieb sie noch täglich mehr
mit tagblauen Augen und nachtdunklen Haarn
und ich geh wie verzaubert im Traume seither
- Mädchen mein Mädchen -
und ich geh wie verzaubert im Traume seither !

3. Ich liebe ein Mädchen, - seit zwanzig Jahrn
lacht mir der Himmel zu ! -
Du lächelst aus fünffach Gesichtern mich an,
die zum Pfand Du mir gabst: und es bist immer DU !
- Mädchen, mein Mädchen -
die zum Pfqnd Du mir gabst: und es bist immer Du !

4. Ich lieb Dich, mein Mädchen, seit zwanzig Jahrn,
Mädchen, mein Herzgesell,
In Freude und Kummer, in Glück und Gefahrn:
Mein Studentenmädchen, mein Lebensquell !
- Mädchen, mein Mädchen -
mein Studentenmädchen. mein Mädchen, mein - Weib !

5. Ich lieb Dich, mein Mädchen seit zwanzig Jahrn,
seit mich Dein Mund geküßt,
seit damals wir beide Studenten warn
und die kleine Kapelle bei Nacht uns gegrüßt !
- Mädchen, mein Mädchen -
Seit die kleine Kapelle bei Nacht uns gegrüßt !

Tübingen 1956 - 1976

Sinnvolles Biologisches Sonderprogramm® (SBS)

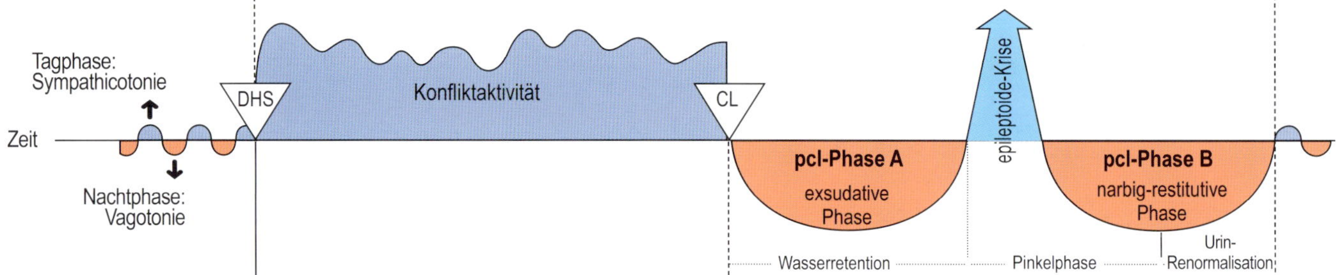

Eutonie = Normotonie

1. Phase-SBS = ca-Phase

Dauer-Sympathicotonie

2. Phase-SBS = pcl-Phase

Dauer-Vagotonie (außer Epi-Krise) **und Ödem**

Eutonie

Psyche: → Revierangstkonflik

→ Revierangstkonflikt-Lösung

Gehirn: → HH für die Bronchien-Schleimhaut in ca-Phase

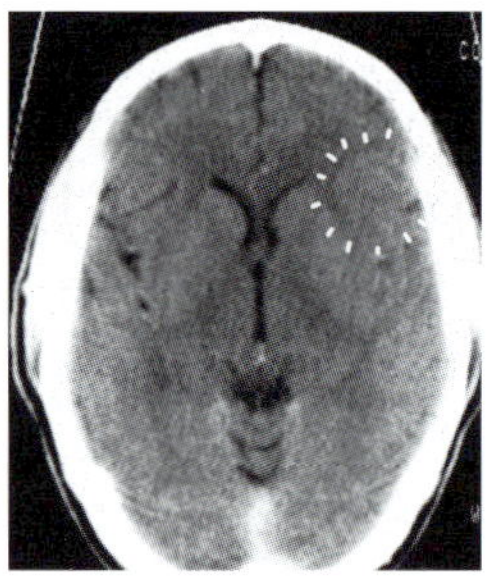

Dr. Hamer

→ Ödematisierter HH für das Bronchien-Schleimhaut-Relais

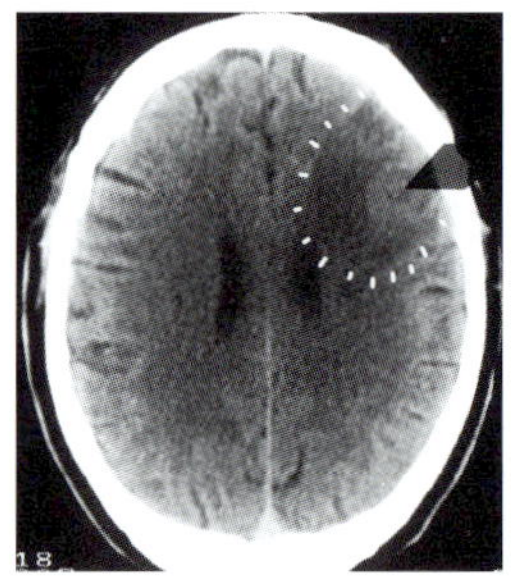

Dr. Hamer

Organ: → **ca-Phase:** Bronchial-Ulcera

→ **pcl-Phase A:** 1. Bronchialatelektase (hier der linken Lunge)
2. Pneumonie vor der Lyse

epileptoide Krise: Lyse

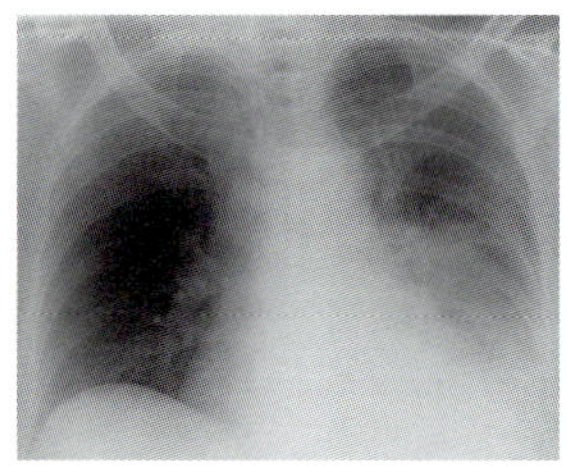

pcl-Phase B: Wiederöffnung der Bronchien mit starkem Husten und viel Auswurf

Auf der vorigen Seite sehen wir das Schema der Zweiphasigkeit des 2. Biologische Naturgesetzes. So sehen alle Sinnvollen Biologischen Sonderprogramme in der Germanischen Heilkunde aus wenn das SBS eine Lösung hat.

Unten sehen wir nun den Prototyp der Archaischen Melodien®, nämlich die Melodie von „Mein Studentenmädchen". Die Kurven sind fast identisch.

So hat Dr. Giovanna Conti „Mein Studentenmädchen" 2006 ins Graphische übersetzt.

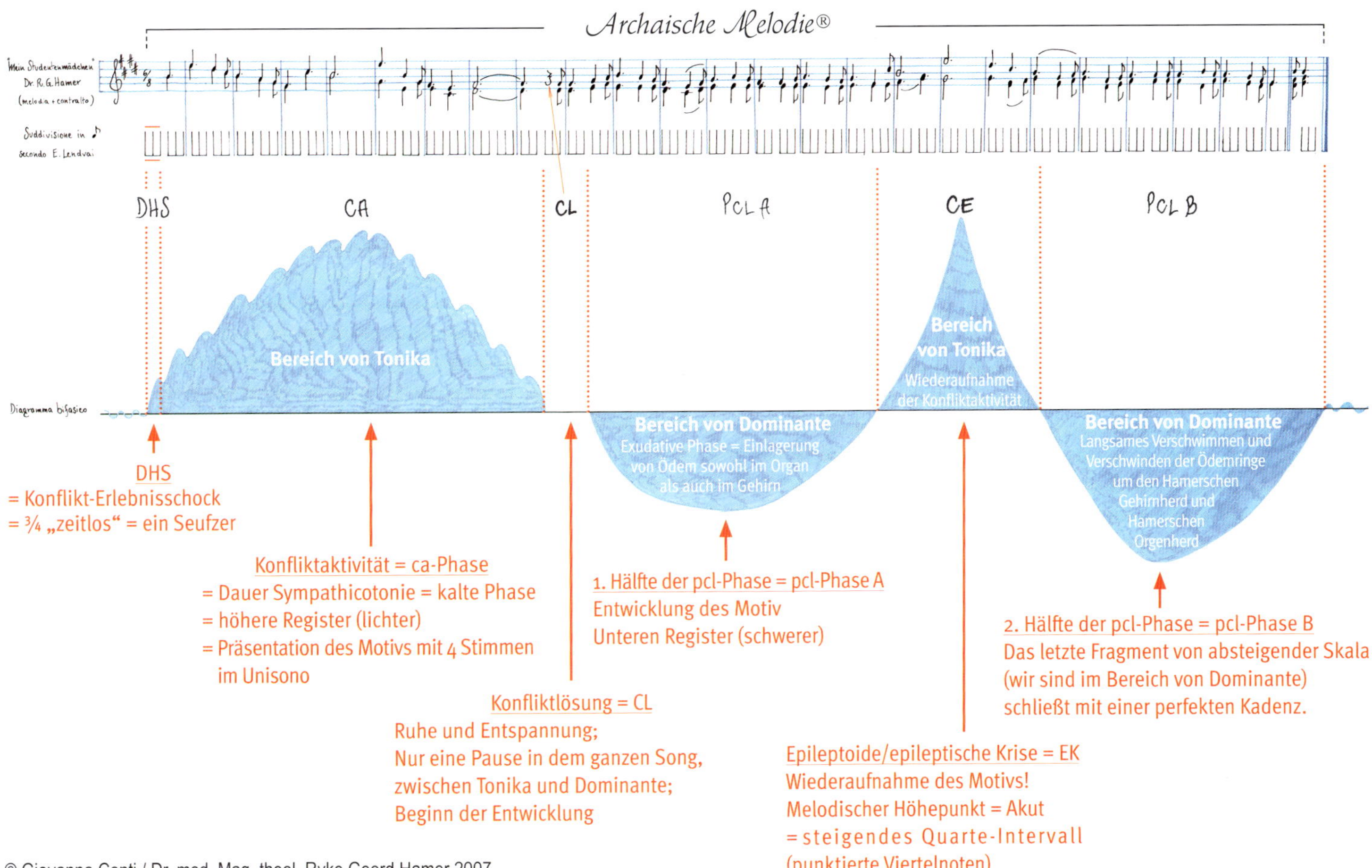

Sinnvolles Biologisches Sonderprogramm

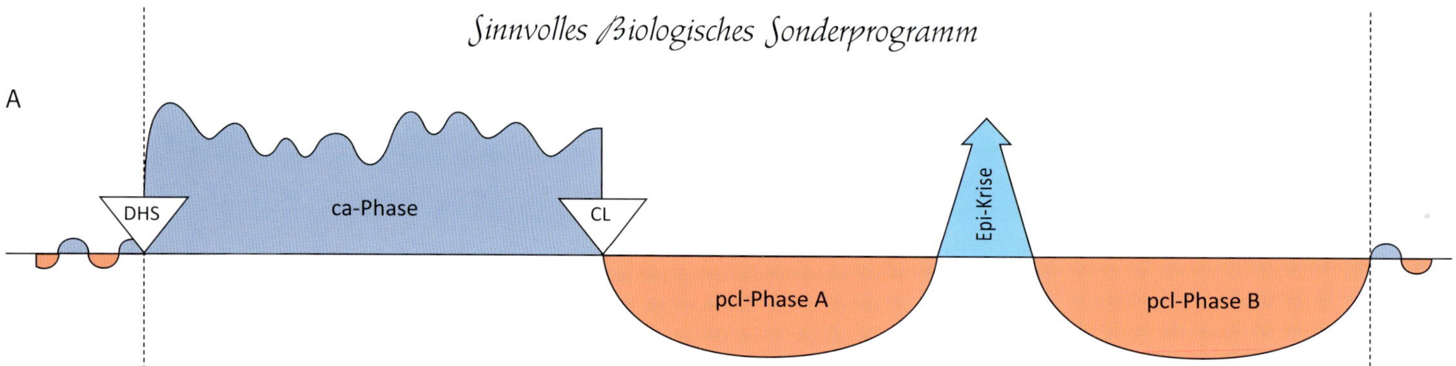

Archaische Melodien

Die erste Kurve ist wieder die Zweiphasigkeits-Kurve der Sinnvollen Biologischen Sonderprogramme® in der Garmanischen Heilkunde (A).

Darunter (B) die Archaische Melodie von „Mein Studentenmädchen“.

Wieder darunter (C) die Kurve der Archaischen Melodie® für den 1. Satz (Allegretto) der 7. Symphonie von L. van Beethoven, aus dem Buch von Giovanna Conti „Per una Musica biologicamente sensata nell'ottica della Nuova Medicina Germanica – Amici di Dirk® Verlag, Januar 2008.
Dabei sehen wir, daß die Kurve, wenn auch lang auseinandergezogen, doch auch zweiphasig ist.

Darunter (D) sehen wir aus dem gleichen Buch, wie bei dem Lied „Das Heideröslein“ (Text von J. W. von Goethe, Melodie von Franz Schubert) der Gedichttext im Ganzen in Zweiphasigkeit verläuft, aber auch jeder einzelne Vers hat eine Archaische Melodie® hat. So stammen fast alle Volkslieder, die wir kennen, von einem Textdichter und einem anderen Melodie-Komponisten.

Genauso ist es ja auch beim Gesamttext von „Mein Studentenmädchen“ und der Archaischen Melodie® für jede einzelne Strophe. Da die Sache nur reproduzierbar (= „echt“) ist, wenn Textdichter und Liedkomponist die gleiche Person ist – und diese Bedingung bei „Mein Studentenmädchen“ in geradezu klassischer Weise und komplett erfüllt ist – wurde „Mein Studentenmädchen“ zum Prototyp aller Archaischen Melodien®.

Besonders interessant ist ja hier auch die Kenntnis der Zweiphasigkeit der Organ-Symptome:
ca-Phase = Bronchialulcera,
pcl-Phase A = Bronchialatelektase und Pneumonie,
epileptoide Krise = Lyse,
pcl-Phase B = Wiedereröffnung der Bronchien mit starkem Husten und viel Auswurf.

Die menschliche Seite unserer großen Komponisten

Die biologisch empfundene Musik nach der Entdeckung der Zweiphasigkeit durch Giovanna Conti in den Werken der alten Meister aus der Sicht der Germanischen Heilkunde: Die Archaischen Melodien®

Wenn man eine gänzlich neue, bisher unbekannte Sache beschreibt und sie von verschiedenen Seiten zu beleuchten versucht, kommt es öfters vor, daß man sich wiederholt. So auch hier.

Die alten Meister-Komponisten Haydn, Mozart, Beethoven etc. haben wunderschöne Werke, sprich Kompositionen geschrieben.
Wir alle bewundern sie. Wir haben sie bisher beurteilt nach ästhetischen Gesichtspunkten, nach Harmonie, eben nach unserem Geschmack und Gefühl. Die Musikkenner glaubten, sie könnten noch viel mehr herauslesen: Etwas Weltanschauliches, Heroisches, Sentimentales, Grandioses, Ehrenhaftes. Was auch immer, uns steht Kritik darüber nicht zu.

Aber wenn wir uns nun vorstellen, daß der Komponist – außer, daß er ein begnadeter Künstler und ein Meister seines Faches Musik war – ein Mensch war wie Du und ich mit all seinen Glücksgefühlen, aber auch seinen Kümmernissen oder Kummer, seinen vielen Arten von Konflikten: Zweitwolfverhalten, Konstellation der Revierbereiche, evtl. Infantilität bei gestoppter biologischer Reifeentwicklung ... alles das finden wir, genau wie bei unseren Mitmenschen, auch bei unseren alten Meistern.

Wir hatten gedacht, daß die Musikwerke unserer großen Meister evtl. psychologisch zu verstehender Ausdruck seiner grandiosen Persönlichkeit wären. Das war weitgehend falsch, obwohl wir uns daran gewöhnt hatten, das so zu denken.

Nun müssen wir umlernen. Die allermeisten Biologischen Konflikte, die unsere alten Meister durchgemacht haben (wie du und ich), waren weitgehend sehr banale Konflikte: Es ging um das liebe Geld, das man dringend brauchte und nicht hatte ... es ging um Zank mit dem Hauswirt oder mit Nachbarn und Kollegen, Verlegern, Organisatoren,

Dirigenten und Orchestern ... das tägliche Brot, das sehr oft fehlte, weil ja der Künstler meist keine feste Anstellung, sprich gesichertes Auskommen, hatte. Außerdem waren die meisten hochbegabten Musik-Künstler „Wanderer zwischen den Welten“. Sie mußten gewöhnlich beim Adel antichambrieren. Diese Adeligen, die über Geld verfügten, sahen die Musikmeister meist nur als unstandesgemäße Lakaien für vergnügliche Stunden an. Nach der Vorstellung hieß es dann: „Der Mohr hat seine Schuldigkeit getan, der Mohr kann gehen.“ Das Salär entsprach dann mehr oder weniger einem Almosen.

Von wenigen Ausnahmen abgesehen, wie Haydn, der eine feste Anstellung bei seinem Fürsten hatte, hatten die meisten höchstens vorübergehende „Verträge“ und waren meistens noch sehr unterbezahlt. In diesen unsicheren Verhältnissen waren die Musikkünstler zumeist ziemlich wehrlos gegen Biologische Konflikte. Wenn man so will, wirkte das sogar „schöpferisch“, weil der Komponist ja über die gelösten Biologischen Konflikte seine Musikstücke geschrieben/komponiert hat.

Die meisten Musikliebhaber, die sich daran gewöhnt haben, die Musikwerke als Ausdruck pathetischer heroischer Persönlichkeit zu empfinden, wären sehr enttäuscht, wenn sie den wahren Inhalt eines solchen Opus erfahren würden oder werden, z. B. daß ein Bäcker einen großen Aufstand gemacht hat, weil er seit drei Monaten die Brötchen nicht bezahlt bekommen hat. Da bekam der Komponist zufällig zur rechten Zeit von einem Verleger etwas Geld und ... der Konflikt war gelöst. Dann schrieb der Komponist eine wunderschöne Sonate über diesen häßlichen Konflikt samt Lösung. Das hat niemand der lieblichen Sonate angehört.

Die Musikästheten hatten himmlische oder heroische Gedanken in die Musik hineininterpretiert. Das dürfen wir ja auch weiter machen, aber manche möchten eben gerne die Wahrheit wissen, wie denn die Sonate entstanden ist. Und Ihr werdet sehen, liebe Leser, es ist nichts so aufregend wie die Wahrheit. Und selbst wenn wir schmunzeln müssen über den Konfliktinhalt der Sonate, in der sich der Komponist mit Noten als großen Helden feiert, weil er endlich den wütenden Bäcker bezahlen konnte, der sich noch vor ihm verbeugen und danke sagen mußte. Und die arme Familie des Komponisten war stolz auf ihren Vater.

Meine Freunde, das ist doch so menschlich und verständlich. Eine Sonate kann musikalisch anonym wunderschön sein. Aber mit der Kenntnis dieser rührend menschlichen Begebenheit können wir sie richtig lieb haben.

Die großen Musiker waren zuallermeist bettelarm (siehe Mozart, dessen Leichnam bei Nacht und Nebel im Armen-Kellergrab entsorgt wurde), trotzdem haben sie uns die wundervolle göttliche Musik des Apollon geschenkt. Laßt uns sie doch so nehmen und in unseren Herzen bewahren, wie sie wirklich waren: ein Mensch wie Du und ich. Genauso, wie wir einen Menschen, der zu uns zur „Konflikt-Beichte“ kommt, nackend vor uns sehen mit all seinen Unzulänglichkeiten und all seinen kleinen und großen Problemen. Sicher, das ist nicht der laute oberflächliche

Glimmer der Spaßgesellschaft, wo alles jung und schön, reich und erfolgreich sein muß. Hier ist einfach ein unglücklicher Mensch, egal ob arm oder reich, egal ob jung oder alt, schön oder häßlich, erfolgreich oder bettelarm – wie so viele Musiker. Fast allen können wir in ihrem Unglück mit der Germanischen Heilkunde helfen. Sie überleben ihr SBS = Archaische Melodie® zu 99%. Ist das nicht viel beglückender als „small talk" über Aktien oder Fernseh-Blödel-Shows?

Und ist es nicht auch vielleicht viel beglückender, zur ästhetischen Schönheit und Harmonie (= gelöster Konflikt) auch noch demnächst tief in die Seele des Komponisten Einblick nehmen zu dürfen? Es ist für uns ein Glück und eine Gnade, den Komponisten nunmehr sooo menschlich sehen zu dürfen: **Ta - Ta - Ta - tam** – kann - doch - nicht - sein - ... glaub - ich - doch - nicht - ... nein - nein – (5. Symphonie von Ludwig van Beethoven).
Und wo das DHS des SBS (= Archaische Melodie®) dann einschlägt, im Gehör, wie bei Beethoven oder in der Bronchialschleimhaut, wie bei mir 1957, das sind dann weitere interessante Fragen. Mögen wir die 5. Symphonie dramatisch „Schicksalsymphonie" nennen oder schlicht doppelseitiger Hörkonflikt, das spielt dann kaum noch eine Rolle.

Ihr wollt vielleicht noch wissen, was denn der Biologische Sinn des doppelseitigen Hörkonfliktes ist, der in der ca-Phase liegt?
Nun, der Patient hört in der conflikt-aktiven Phase besonders gut. Er hört alle Feinheiten der Stimme, z. B. Beethoven, als er Neuigkeiten über die Schwangerschaft seiner Schwägerin hört, die ja erst fünf Monate später seinen Bruder heiratete.
Und wenn Ihr noch wissen wollt, was denn die verschiedenen, zeitweilig mehrfachen Konfliktlösungen = Hörstürze [= Taubheit] waren: Nun, einmal die beiden Mütter (Johanna und Josefine), dann seine beiden Kinder (Karl, geb. 1806 und Minona, geb. 1813). Alle vier Personen waren „Schienen". Und wenn mit den Müttern oder Kindern irgendetwas Besonderes passierte, dann konnte es ein Konflikt-Rezidiv sein. Und ahnungslos stolperte der große Komponist Beethoven über die Schienen und immer in die Verlängerung seiner Taubheit (= Hörsturz) = sog. hängende Heilung hinein.
Diese Zusammenhänge können wir erst jetzt mit der Germanischen Heilkunde und ihren Archaischen Melodien® richtig verstehen.

Wir unterscheiden in der Germanischen Heilkunde in der mittleren Schädelgrube (HH für Hörkonflikte und HH für Fall- oder Gleichgewichtskonflikte) grundsätzlich zwei Arten: Personen-bezogene und Revier-bezogene.
In unserem Fall von der Taubheit Beethovens geht es um corticale Hörkonflikte: seinen Ohren nicht zu trauen.

Diese corticalen Hörkonflikte können wir im Prinzip, wie gesagt, sowohl zu den „Personen-bezogenen Konflikten" rechnen als auch zu den „Revierbereichs-bezogenen Konflikten".

Wenn es zwei aktive Konflikte in Opposition (rechts- und links-cerebral) sind, dann unterscheiden wir entsprechend eine Personen-bezogene Konstellation und eine Revierbereichs-bezogene Konstellation.
Obwohl diese beiden Arten der Hörkonflikte im Gehirn an der gleichen Stelle gelegen sind und auch das gleiche Symptom haben (Ton-Tinnitus oder Sprach-Tinnitus), sind sie sehr verschieden, die Hörkonflikte der ersten Art sind keine Revierbereichs-Konflikte und können deshalb auch keine Revierbereichs-Konstellation machen.
Die Personen-bezogene Konstellation nennen wir **„kleine Konstellation"** oder in diesem Fall „kleine Hörkonstellation".
Die Revierbereichs-bezogene Konstellation nennen wir **„große Konstellation"** oder hier „große Hörkonstellation".
Die „kleine Konstellation" hat keine Paranoia und verläuft nicht nach den Regeln der Waage, dafür aber nach den Regeln „Links- und Rechtshändigkeit" und Mutter/Kind oder Partner. Allerdings kann sie, wie im Falle Beethovens, der eine sog. „kleine Hörkonstellation" hatte, durch eine hängende Heilung eine Taubheit bewirken.
Die „große schizophrene Konstellation" dagegen verläuft mit Paranoia und Stimmenhören. Sie hat primär mit Mutter oder Kind oder Partner nichts zu tun, sondern eben mit Revier und verläuft nach den Regeln der Waage bzw. als manisch-depressive Konstellation. Natürlich kann man bei hängender Heilung auch einen prolongierten Hörsturz erleiden, was wir Taubheit nennen.

Die Personen-bezogenen Konstellationen entstehen oft mit nur einem DHS, sofern es sich um zwei Personengruppen handelt, z. B. Kinder und Partner.
Dagegen entstehen die Revierbereichs-bezogenen Hörkonflikte einzeln. Zu einer Revierbereichs-bezogenen paranoischen Hörkonstellation bedarf es zweier verschiedener DHSe.

Die Hörkonflikte können Geräusche betreffen oder Stimmen. Im letzteren Fall hört der Patient bei zwei Revierbereichs-Hörkonflikt-DHSen „Stimmen", die sich untereinander oder mit ihm unterhalten.
Beispiele:

a) kleine Hörkonstellation: bei der Rechtshänderin oder dem Rechtshänder zur Mutter- oder Kind-Gruppe gehörig: Kind sagt z. B. etwas, das man gar nicht glauben kann.
b) zum Revierbereich gehörig: z.B. Hirsch hört schon den Rivalen, noch bevor er ihn sieht

Die HAMERschen HERDE für beide Arten von Hörkonflikt-Konstellationen (die kleinen und die großen) sind an den gleichen Stellen im Gehirn gelegen, machen auch beide Geräusch- oder Sprach-Tinnitus, aber sie unterscheiden sich, wie gesagt, fundamental durch die Art der Konflikte: Im ersten Fall ist die „kleine Hörkonstellation", Personen-bezogen, und im Fall der „großen schizophrenen paranoischen Hörkonstellation" sind beide Konflikte Revier-bezogen. Diese große schizophrene paranoische Hörkonflikt-Konstellation hatte Beethoven nicht, er hatte „nur" die kleine, bei der die Patienten keine spezielle Paranoia haben.

SBS-ORGAN-MANIFESTATION	BIOLOGISCHER KONFLIKTINHALT	HAMERSCHER HERD (HH) IM GEHIRN	1. PHASE-SBS = ca-Phase KONFLIKTAKTIVITÄT = DAUER-SYMPATHICOTONIE FUNKTIONSÄNDERUNG	2. PHASE-SBS = pcl-Phase LÖSUNGSPHASE = DAUER-VAGOTONIE (außer Epi-Krise) FUNKTIONS-RENORMALISIERUNG
Rb li (Großhirnhemisphäre = Äußeres Keimblatt = Ektoderm für rechte Körperseite				
SBS der Innenohr-Hörfähigkeit des rechten Ohres.	Hörkonflikt. Konflikt, etwas nicht hören zu wollen. Wir unterscheiden die Personen-bezogenen (Mutter/Kind oder Partner) und die Revierbereichs-Hörkonflikte. Beiderseitige Revierbereichs-Hörkonflikte nennen wir paranoid: Stimmenhören, haben primär nichts mit Mutter oder Kind oder Partner zu tun, sondern eben mit Revieren.	HH temporo-basal links. N. stato-akustikus, 8. Hirnnerv.	**Biologischer Sinn:** Man will eine unangenehme Sache nicht hören; man wird aber, wenn die gleiche oder ähnliche Situation wiederkehrt, gewarnt = Tinnitus. **Tinnitus** rechtes Ohr (Rauschen, Summen, Klingeln, Pfeifen) oder Sprachtinnitus: Man hört immer wieder den Satz, den man nicht glauben konnte. Im Falle der Konstellation zweier Hörkonflikte (re. und li. Hemisphäre) unterscheiden wir: a) die „kleine Hörkonflikt-Konstellation" (Personen-bezogenen) b) die „große schizophrene paranoide Hörkonflikt-Konstellation" von beiderseitigen Revierbereichs-Hörkonflikten: Stimmenhören	**Hörsturz** rechtes Ohr. Ödem im Innenohr und im Hörzentrum des Großhirns für diese speziellen Frequenzen. In der epileptoiden Krise besonders starke Aktivität: a) im Falle der „kleinen Hörkonstellation" bleibt die epileptoide Krise meist unbemerkt. b) im Falle der „großen schizophrenen paranoiden Hörkonstellation" hat der Patient besonders starkes Stimmenhören. Der Patient ist dann „völlig paranoid" (verrückt).
Rb re (Großhirnhemisphäre = Äußeres Keimblatt = Ektoderm für linker Körperseite				
SBS der Innenohr-Hörfähigkeit des linken Ohres.	Hörkonflikt. Konflikt, etwas nicht hören zu wollen. Wir unterscheiden die Personen-bezogenen (Mutter/Kind oder Partner) und die Revierbereichs-Hörkonflikte. Beiderseitige Revierbereichs-Hörkonflikte nennen wir paranoid: Stimmenhören, haben primär nichts mit Mutter oder Kind oder Partner zu tun, sondern eben mit Revieren.	HH temporo-basal rechts. N. stato-akustikus , 8. Hirnnerv.	**Biologischer Sinn:** Man will eine unangenehme Sache nicht hören; man wird aber, wenn die gleiche oder ähnliche Situation wiederkehrt, gewarnt = Tinnitus. **Tinnitus** rechtes Ohr (Rauschen, Summen, Klingeln, Pfeifen) oder Sprachtinnitus: Man hört immer wieder den Satz, den man nicht glauben konnte. Im Falle der Konstellation zweier Hörkonflikte (re. und li. Hemisphäre) unterscheiden wir: a) die „kleine Hörkonflikt-Konstellation" (Personen-bezogenen) b) die „große schizophrene paranoide Hörkonflikt-Konstellation" von beiderseitigen Revierbereichs-Hörkonflikten: Stimmenhören	**Hörsturz** linkes Ohr. Ödem im Innenohr und im Hörzentrum des Großhirns für diese speziellen Frequenzen. In der epileptoiden Krise besonders starke Aktivität: a) im Falle der „kleinen Hörkonstellation" bleibt die epileptoide Krise meist unbemerkt. b) im Falle der „großen schizophrenen paranoiden Hörkonstellation" hat der Patient besonders starkes Stimmenhören. Der Patient ist dann „völlig paranoid" (verrückt).

Die Hörkonstellationen:

a) die „kleine Hörkonstellation“

ist immer personenbezogen, z.B. sagt eine Geliebte: „Ich bekomme ein Kind von Dir.“
Doppel-DHS für beide Ohren: Eine Seite für Kind, andere Seite für Partnerin (Geliebte). Natürlich kommt es auf den Einzelfall an. Es setzt natürlich Konfliktivität voraus. Z. B. ist der werdende Vater noch Schüler oder ist verheiratet oder krank oder in wirtschaftlicher Not. Dagegen, wenn eine verheiratete Frau ihrem Gatten sagt: „Schatz, wir bekommen ein Kind“, dann ist das Grund zu großer Freude.

Der Patient hat, wie alle Patienten, ein Zwangsdenken an den Satz, bei dem er seinen Ohren nicht getraut hat, „Du, ich bekomme ein Kind von Dir“, aber keine Paranoia und kein Stimmenhören. Die bds. Taubheit war der Hörsturz (in der pcl-Phase), der durch andauernde Rezidive nicht zu Ende kam.
Dies war der Fall bei Beethoven, wenn ihm seine beiden Geliebten (Johanna und Josefine) gesagt haben: „Ludwig, ich bekomme ein Kind von Dir.“ Danach kamen immer die vielen Rezidive mit nachfolgenden Lösungen (= „Hängende Heilung“ mit fortbestehendem Hörsturz = Taubheit).

Hör-Relais links cerebral
für rechtes Ohr

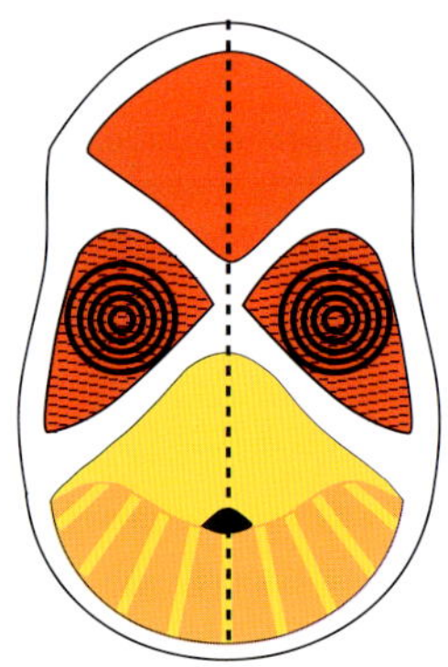

Hör-Relais rechts cerebral
für linkes Ohr

Jemand traut seinen Ohren nicht, wenn er etwas Unwahrscheinliches hört (Geräusch oder Stimme).

b) die „große Hörkonstellation“
ist nie Personen-bezogen, sondern Revier-bezogen. Sie entsteht auch nicht mit einem DHS, sondern stets mit zwei DHSen. Das ist eine Revier-Konstellation, die nach den Regeln der Waage verläuft und bei der der Patient manisch-depressiv ist.

Linkshändiger Mann: Männlicher Revier[1]-Hör-Konflikt
Rechtshändige Frau: Weiblicher Revier[2]-Hör-Konflikt

Rechtshändiger Mann: Männlicher Revier-Hör-Konflikt
Linkshändige Frau: Weiblicher Revier-Hör-Konflikt

Hör-Relais links cerebral für rechtes Ohr

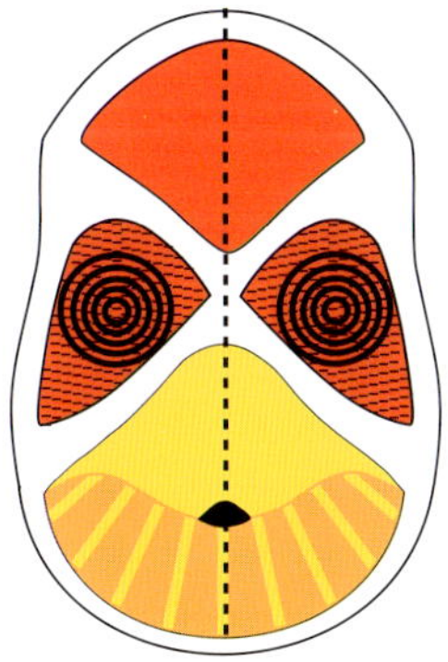

Hör-Relais rechts cerebral für linkes Ohr

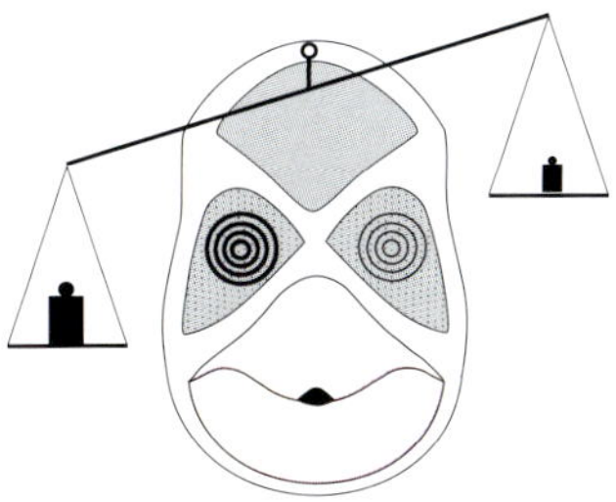

Manie bei Revier-bezogener und links betonter großer Hörkonstellation

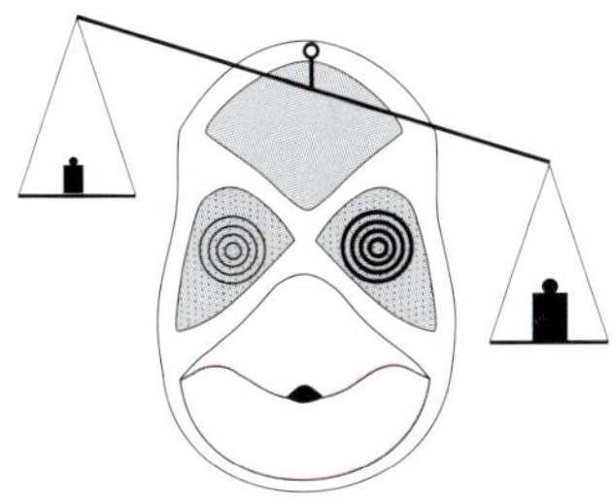

Depression bei Revier-bezogener und rechts betonter großer Hörkonstellation

Der Patient hört paranoiderweise Stimmen, die real gar nicht vorhanden sind. Er glaubt aber, sie wirklich zu hören und er unterhält sich oftmals mit seinen „Stimmen“, z. B. der Stimme Gottes, oder der Stimme eines Verstorbenen, etc. etc.
Wir sprechen von einer akustischen Paranoia oder einem akustischen Wahn.

Das **Stimmenhören** kann auch aus einer Stimme und einem Geräusch bestehen oder aus zwei Geräuschen, die wir Tinnitus nennen. Das Geräusch kann auch eine Schiene betreffen, die während des DHS mitlief. Z. B.: eine verheiratete Geliebte sagte

1 Männliches Revier: das ganze äußere Revier, z. B. der Chefwolf markiert das äußere Revier.

2 Weibliches Revier (inneres Revier): z. B. das Haus, die Kinder oder die Sexualität

dem Patienten, der sich sehr ein Kind von ihr gewünscht hatte: „Ich habe unser Kind abgetrieben." Dabei lief das Summen des Kühlschranks. Seit diesem (zweiten) Revierbereichs-Hörkonflikt war er in der „großen Hörkonstellation" und hörte nicht nur dauernd das Summen des Kühlschranks, sondern zeigte alle Symptome der Paranoia. Übrigens können diese Revierbereichs-Hörkonflikte bzw. auch die „große Hörkonstellation" auch mit anderen Revierbereichs-Konflikten bzw. -SBS zusammen vorkommen. Wir sprechen dann von Mehrfachkonstellationen.
Da es sich ja hier nicht um Personen-bezogene Hörkonflikte handelt, spielt hier die Händigkeit nur eine untergeordnete Rolle.

Für die musikalische Seite der Medaille müßt Ihr mal Eure Musikwissenschaftler/Musikbiographen oder auch Giovanna Conti fragen. Ihr könnt auch selbst mal anfangen zu recherchieren. Ich garantiere Euch, Ihr kommt nicht mehr los davon. Und Ihr werdet in Zukunft jedes Werk unserer alten Meister doppelt genießen können, weil Ihr es jetzt menschlich verstehen könnt.

Angewandtes biographisches Verständnis im Falle der Taubheit von Beethoven:

Sehr viele Zusammenhänge zwischen körperlichen Symptomen und Biologischen Konflikten können wir, wie gesagt, erst jetzt rückwirkend mit der Germanischen Heilkunde verstehen. Aber trotz aller Wahrscheinlichkeit, das muß man zugeben, bleibt ein Rest von (Arbeits)-Hypothese.

1. Beethoven begann mit 28 Jahren taub zu werden, und zwar auf beiden Ohren gleichzeitig. Das kann sich nach der Germanischen nur um einen „hängenden Hörsturz" = hängende Heilungsphase eines Hörkonfliktes mit zwei verschiedenen Personengruppen handeln: Partnern und Kindern!

2. Ludwig van Beethoven war manisch – depressiv, das ist vielfach beschrieben, also war er in einer Revierbereichs-Konstellation unabhängig von den Hörkonflikten.
   Den Zeitpunkt, von wann ab er in Konstellation war, d. h. wann sein zweiter Revierbereichs-Konflikt eingeschlagen ist, wissen wir nicht genau (mit 8, 12 oder 17, beim Tod der Mutter, an der er sehr gehangen hat?)

3. Man kann Hörkonflikte nach den Regeln der Germanischen als Revierbereichs-bezogen oder Personen-bezogen erleiden. Dann ist der Tinnitus (= conflikt-aktive Phase) jeweils auf der gegenüberliegenden Seite (also gegenüberliegendes Ohr). Das Ganze ist dann ein Hörkonflikt mit dem Inhalt: „Das kann doch nicht wahr sein, was ich da höre, ich traue ja meinen Ohren nicht."

4. Die Revierbereichs-Hörkonflikte haben mit Mutter/Kind oder Partner nichts zu tun, sondern sind eine Art Revierkonflikt, so wie ich einen vorübergehenden Tinnitus bei einem Revierbereichs-Hörkonflikt erlitten habe, als ich 1990 auf der Autobahn zwischen Brüssel und Köln am Steuer eingeschlafen war. Das hatte nichts mit Kindern oder Partnern zu tun.

Wenn man in zwei verschiedenen Angelegenheiten zwei Revierbereichs-Hörkonflikte erleidet, dann hört man „Stimmen".
Das war bei van Beethoven offensichtlich nicht der Fall.

5. Bei den Personen-bezogenen Hörkonflikten kann man augenblicklich auch auf beiden Ohren Tinnitus erleiden, wenn es gleichzeitig bei dem einen Konflikt um Kind **und** Partner geht. Dann hat man nach den Regeln der Germanischen augenblicklich einen doppelseitigen Tinnitus, **ohne** daß man **„Stimmen hören"** würde, was man bei der großen Hörkonstellation bisher **schizophren** nannte – allerdings nur bei zwei in Opposition stehenden Hamerschen Herden in rechter und linker mittlerer Schädelgrube (Revierbereichs-Konflikten).

6. Nun, Ludwig van Beethoven kann also nur einen für beide Gruppen (Kinder und Partner) gleichzeitigen Hörkonflikt mit Tinnitus erlitten haben bei dem Konflikt: „Das, Euch beide betreffend, kann ich nicht glauben."

7. Der Hörsturz erfolgt dann in der pcl-Phase, also nach Lösung des Konfliktes. Er kann lange andauern, wenn der Konflikt ebenfalls lange gedauert hatte. Besonders lange kann er andauern, wenn immer wieder zwischendurch Rezidive einschlagen, d. h. der Konflikt immer wieder nochmal aktiv wird, samt darauf folgender pcl-Phase, d. h. Fortsetzung des Hörsturzes = der vorübergehenden Taubheit.

8. 1808 – so steht es in allen Biographien (Brief an Wegeler) – muß der Hörsturz erfolgt sein. Er muß sein DHS also schon einige Zeit vorher erlitten haben. Da es sich um Kind und Partner(in) gleichzeitig gehandelt haben muß, kommt nur ein einziges Ereignis in Frage, was alle diese Bedingungen erfüllt. Das war 1806 (Januar oder Februar), als seine spätere Schwägerin Johanna ihm sagte: „Du, Ludwig, ich bekomme ein Kind von Dir!"
Beethovens Sohn Karl, offiziell sein später adoptierter Neffe, nominell Sohn seines (impotenten) Bruders Karl, wurde 1806 geboren.
1808 bekam Beethoven dann die Lösung dieses Hörkonfliktes mit dem Hörsturz.

9. Wenn der Konflikt: „Das glaube ich nicht, das kann doch nicht sein". – wenn der nicht immer wiedergekommen wäre (Rezidive), dann hätte Beethoven eine Zeitlang schlecht gehört, danach wäre wieder alles einigermaßen wie vorher gewesen. Aber das war ja eben gerade nicht der Fall. Das Thema Karl hat ihn bis zum Ende seines Lebens nicht mehr losgelassen. Sogar ein Jahr vor seinem Tod hat Karl noch einen Selbstmordversuch gemacht.

10. Wer kennt sie nicht, die berühmten Takte der 5. Symphonie von 1808: Ta-Ta-Ta-tam Ta-Ta-Ta-tam.
Was haben die Musikinterpreten alles da hineininterpretiert?
Es steht mir nicht zu, das irgendwie lächerlich machen zu wollen. Aber wenn es nun einfach schlicht der Hörkonflikt war, den er Anfang 1806 erlitten hat, als ihm seine spätere Schwägerin, damalige Geliebte Johanna (die Mutter seines Sohnes und Neffen Karl), gesagt hat: „Du, Ludwig, ich bin schwanger von Dir!"

Ta-Ta-Ta-tam – kann doch nicht sein
Ta-Ta-Ta-tam – glaub ich doch nicht – kann doch nicht sein, nein, nein.

11. Beethoven hat, wenn man so will, ohne sich natürlich dessen bewußt gewesen zu sein, Raubbau mit seinem Gehör getrieben. Denn das gleiche Mißgeschick passierte ihm ja ein zweites Mal mit seiner Tochter Minona, die am 9.4.1813 von seiner unsterblichen Geliebten Josefine von Stachelberg, geb. von Brunsvik, geboren wurde. Also muß er diesen zweiten quasi identischen Hörkonflikt bds. wieder für Kind und Partnerin erlitten haben, als ihm seine „unsterbliche Geliebte" sagte: „Ludwig, ich bekomme ein Kind von Dir." (ihr siebtes Kind, etwa Mitte 1812.) Beethoven erlebte noch 14 Jahre seine Tochter Minona. Aber sie bekannte sich nicht zu ihrem leiblichen Vater, wollte lieber adelig bleiben, was charakteristisch war für die damalige Zeit.
Auch hier müssen wir von einer hängenden Heilung ausgehen, die der Taubheit entspricht. Die Mutter Josefine starb 1821, als Minona (= von hinten Anonim gelesen) 8 Jahre alt war.

Beethoven und seine „unsterbliche Geliebte" Josefine von Brunsvik

Der vorehelich gezeugte Karl, geb. 4.9.1806

Minona, biologische Tochter von Beethoven, geb. 8.4.1813

Die 5. Symphonie verliert ja nichts von ihrer musikalischen Schönheit, wenn sie jetzt mit der Germanischen und den Archaischen Melodien® noch wahrhaftiger wird.

Ob unsere Konstruktion wirklich stimmt, wissen wir ja noch nicht genau. Ein hypothetischer Rest bleibt immer! Aber so könnte es sehr gut gewesen sein.
So würde es mit allen überlieferten Daten in Übereinstimmung sein, genauso wie die Taubheit nach der Germanischen Heilkunde eine „hängende Heilung" eines oder zweier „Dauerbrenner-Konflikte" ist.

Ich wollte an diesem, zugegeben, sehr problematischen Beispiel zu zeigen versuchen, wie man so etwas im Prinzip anfängt. Nach und nach werden uns unsere „Spezial-Musikwissenschaftler", sobald welche von ihnen die Germanische verstanden haben, allen voran Giovanna Conti, aus der musikalischen Spezifität der Archaischen Melodie® der Kompositionen Angaben machen können, z. B. welches Keimblatt dem Biologischen Konflikt zugehört, ob, wie bei Mozart z. B., öfters die Zweiphasigkeit unterbrochen und evtl. später wieder weitergeführt wird, etc. etc. Im Falle von Beethovens Taubheit wissen wir wenigstens die organische Ebene sehr gut.

Ich verspreche Euch, liebe Leser, es wird eine ganz aufregende Arbeit.

Eine Sache liegt mir dabei am Herzen: Ein Musiker, der uns wunderschöne Kompositionen hinterlassen hat, konnte davon ausgehen, daß sein Privatleben dabei anonym bleibt. Das ist eigentlich auch sein gutes Recht. Aber durch die Germanische Heilkunde wird der Komponist quasi zum Patienten, hat damit praktisch Anspruch auf das Arztgeheimnis, denn er konnte ja nicht wissen, daß man eines Tages vielleicht mit der Germanischen seine Kompositionen und damit sein Leben aufschlüsseln kann. Das gilt selbst für den Fall, daß der Musiker (Künstler) sich immer auch präsentieren, „Show machen" muß. Manche übertreiben dabei erheblich, benehmen sich dann wie Clowns, um den Zuhörern zu imponieren.

Wie auch immer, wir müssen Ehrfurcht und Respekt vor unseren Priestern des Apollo haben. Wir sind in ihrer Schuld, weil wir ihre wundervolle Musik genießen dürfen.

Musiktherapie

Die moderne Musiktherapie beginnt mit der Germanischen Heilkunde, genauer gesagt, mit den Sinnvollen Biologischen Sonderprogrammen der Natur®.

Für mich begann die Beschäftigung mit dem, was man damals Musiktherapie genannt hat, mit meinem ersten Buch „Krebs, Krankheit der Seele“ (Februar 1984) bzw. mit dem damaligen „König der Musiktherapie“, dem Psychiater Dr. P. J. Stankovic.

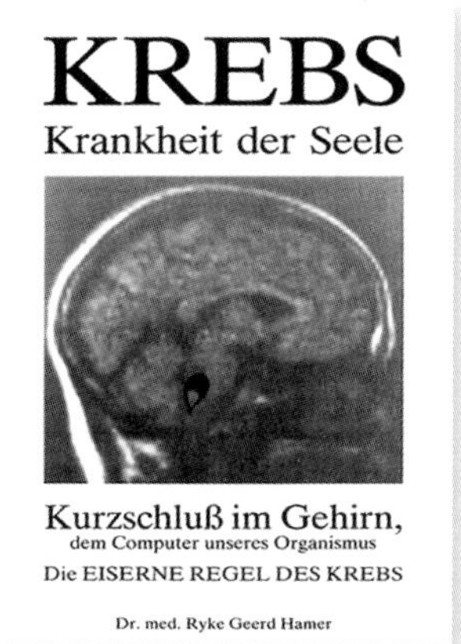

Dieses Buch vom Februar 1984, das erste Buch der Germanischen Heilkunde, damals Neuen Medizin, hat eine sehr dramatische Entstehungsgeschichte: Es wurde in der Rekordzeit von einer Woche vom handgeschriebenen Manuskript bis zum fertigen Buch hergestellt, weil meine Gegner der Druckerei Ebner in Ulm gedroht hatten, die Firma abzufackeln. Daraufhin arbeitete die Firma quasi Tag und Nacht und das Wochenende durch an dem Buch, mit vielen Schreibkräften gleichzeitig, weil der Besitzer selbst im Wort stand. Tag und Nacht kreiste der Werkschutz mit scharfen Schäferhunden um das Druckereigebäude.
Nach einer Woche wurden mir die Bücherpaletten mit 10.000 Büchern auf den Ulmer Bahnhofsplatz gestellt und die Firma atmete auf. Nie wurde dramatischer ein Buch gedruckt in sieben Tagen.

Wir wollen nicht die Nase rümpfen über die damalige Musiktherapie. Was den Therapeuten damals mit der Germanischen fehlte, haben sie durch Einfühlungsvermögen wettzumachen versucht.

Die Musiktherapie wurde damals vor allem bei Depressionen aller Art und sog. „Verstimmungen“ angewandt. Man sah die Depression als eine Art Gemütskrampf an (in der Germanischen = ca-Phase, Sympathicotonie), den man mit sanfter Musik auflockern wollte, was im Ansatz gar nicht so ganz verkehrt war (siehe Regeln der Waage).

Im nachhinein müssen wir schmunzeln, denn die Musiktherapeuten, deren Therapie ja stets auf längere Sicht angelegt war, hatten durchaus zwangsläufig „Erfolge", ganz besonders bei akuten Psychosen. Wir haben früher nicht gewußt, daß sich jede Wiederkomplettierung der Revierbereichskonstellation, was wir mit Rezidiv des zweiten Revierbereichs-Konfliktes meinen, nach zwei bis drei Monaten wieder „eingerichtet" hat.

Ob man nun schwere Psychopharmaka, Bachblüten, Homöopathische Placebos oder Rote Bete gibt oder sanft Musik spielt, es ist stets das Gleiche: Die Konstellation richtet sich nach zwei bis drei Monaten wieder ein und die akute Symptomatik verschwindet. Entsprechend hatte jede „Therapie" vermeintlich „Erfolge".

Im nachfolgenden das Gutachten, das der „König der Musiktherapie" damals nur zwei Monate nach Erscheinen des Buches „Krebs, Krankheit der Seele" verfaßt hat. Es zeigt, wie gut verständlich schon damals die Germanische Heilkunde (damals Neue Medizin) war.

Da schon die Eiserne Regel des Krebs® mit den drei Kriterien, dem zweiphasigen Verlauf mit der **c**onflikt-**a**ktiven Phase (= ca-Phase) und der konflikt-gelösten Phase (= pcl-Phase = **p**ost-**c**onflicto-**l**ytischen Phase) beschrieben hat, somit das 2. Biologische Naturgesetz (= Gesetz der Zweiphasigkeit bei Lösung des Konfliktes) quasi schon implizit enthalten hat, konnte man damit schon recht gut arbeiten.

Wie ein gutwilliger, aufgeschlossener und hochqualifizierter Neurologe und Psychiater schon damals die GERMANISCHE beurteilen konnte, sehen wir hier.
Warum haben sich so wenige getraut, die Wahrheit zu sagen?

Dr.P.J.Stanković
Paštrovićeva 55
BEOGRAD, Jugoslavia

16.4.1984

Das Buch "Krebs, Krankheit der Seele" von Drmed. Ryke Geerd Hamer, erschienen im Februar 1984 im Amici di Dirk Verlag Rom, Paris, Bonn mit über 4oo Seiten ist ein einzigartiges Werk über das brennende Problem der Krebsbekämpfung.

Dieses Buch mit seiner umfangreichen Dokumentation, besonders den vielen Originalfotos der Hirncomputertomogramme, ist etwas so Einmaliges noch nie Dagewesenes und Überzeugendes, dass man als Schulmediziner von Grund aufgewühlt wird. Dies ist ein Meilenstein auf dem dornigen Weg der Krebsforschung hinsichtlich Entstehung, Entwicklung und Therapie dieser schlimmsten Krankheit.

Wir sind durch dieses Buch aufgefordert umzudenken, denn all unser bisheriges vermeintliches Wissen über den Krebs müssen wir nach Dr.Hamer über den Haufen werfen.

Die unantastbare Behauptung der Schulmediziner, dass einzig und allein Stahl, Strahl und Chemie als Krebstherapie in Frage kommen, ist nicht nur nach Dr.Hamer unsinnig, sondern verhängnisvoll schädlich. Dr. Hamer behauptet, wie in der letzten Zeit auch immer mehr Wissenschaftler, besonders in den USA, dass der wahre Grund einer Krebserkrankung in dem gestörten psychischen Gleichgewicht liegt. Dass dies fast bei jeder organischen Krankheit der Fall ist, habe ich bereits vor 40 Jahren in meinem Buch "Medicina Divina" dargelegt. Ähnlich wie ich damals, wurde nun auch Dr. Hamer von den "lieben Kollegen" mit Neid, Arroganz und Ignoranz bekämpft, dem sogenannten "Tübinger Syndrom" Geradezu bahnbrechend ist Dr.Hamers "Eiserne Regel des Krebs" nach der jeder Krebs nach einem "Dirk Hamer-Syndrom(DHS), benannt nach seinem tragisch verunglückten Sohn, entsteht d.h. nach einem allerschwersten, akut dramatischen und isolativen Konflikt-Erlebnis-Schock. Der Konflikt Erlebnis-Inhalt bestimmt nach Hamer die Lokalisation des Krebs, während der Verlauf des Konfliktes genau dem Verlauf der Krebserkrankung im Körper entspricht. Seine Behauptungen unterbaut er mit einer ganzen Reihe hoch interessanter Fallbesprechungen mit einer Menge bewundernswerter Hirncomputertomogramme.

Es ist wirklich traurig und geradezu unerhört, dass die zuständigen Medizinautoritäten, anstatt sich für Dr.Hamers Entdeckungen zu interessieren und sie zu überprüfen, ihn mit einer unvorstellbaren Wut und Arroganz auf allen Ebenen an greifen und versuchen ihn unmöglich zu machen.

Es wäre dagegen Pflicht eines jeden Arztes, sein kürzlich veröffentlichtes Buch aufmerksam zu lesen um seine Behauptungen zu überprüfen, denn sollte er wirklich Recht haben, würde die praktische Anwendung seiner Theorie ein Segen für alle Krebskranken bedeuten. Solange die Medizin über kein 100% sicheres Mittel gegen den Krebs verfügt, müsste es die heilige Pflicht sein, jede angebotene Möglichkeit genau zu überprüfen.

Dr.Petar J.Stanković
Psychiater und Neurologe

Die Verifikation von Dr. Nagorny von der Lungenklinik Löwenstein vom 27. 7. 1982 war die erste systematische „Verifikation an nächstbesten Fällen".

Med.-Direktor Dr. S. Nagorny
Chefarzt der Abteilung für
Anästhesie, Lungenphysiologie und Allergologie
der Klinik Löwenstein

7101 Löwenstein 29.07.82-ri
Kreis Heilbronn
Rufnummer (0 71 30) 5 11

Herr Dr. med. Hamer hat in der Zeit vom 26.07.82 bis 29.07.82 in der Klinik Löwenstein insgesamt 5 Patienten anamnestisch befragt, bei denen ein histologisch nachgewiesenes Bronchialcarcinom vorliegt. Bei allen Befragten war der jeweilige Stationsarzt zugegen.

In allen Fällen waren bei den Patienten anamnestisch die 5 Kriterien der von Herrn Dr. med. H. aufgestellten "eisernen Regeln des Krebses" erfüllt.

Med. Direktor Dr. Nagorny
Chefarzt

Medizinaldirektor Dr. S. Nagorny
Chefarzt der Abteilung für
Anästhesie, Lungenphysiologie
und Allergologie
7101 Löwenstein
— Klinik —

Die Therapie mit den Archaischen Melodien®

Es ist fast wie eine prophetische Sicht gewesen, daß der ungekrönte König der damals sog. „Musiktherapie“ das erste Gutachten über das Buch „Krebs, Krankheit der Seele“ geschrieben hat. Damals hat er die Germanische Heilkunde als gewaltige, unverzichtbare Entdeckung zu der von ihm vertretenen Musik-Therapie begriffen.

Ob er damals schon die Archaischen Melodien® geahnt hat?
Ob er geahnt hat, daß die Archaischen Melodien® einmal eine streng wissenschaftliche Basis für eine neue Art von Musiktherapie werden könnten?

Ich habe mich seinerzeit viele Stunden lang mit Dr. Stankovic über Musiktherapie damaliger Art unterhalten. Ich hatte ja auch in einer psychiatrischen Klinik gearbeitet. Dr. Stankovic glaubte, ein System gefunden zu haben, wie er als Psychiater speziell Patienten mit Depression durch sanfte und harmonische Musik „auflockern“ konnte.

Heute wissen wir ja aus der Germanischen Heilkunde, daß jede akute Psychose nur zwei bis drei Monate dauert. Ob wir diese Patienten, wie gesagt – nun mit Müsli, Homöopathie, schweren Medikamenten oder netter Musik behandeln – bleibt sich gleich. Immer hat sich nach zwei bis drei Monaten die Konstellation „eingerichtet“. Wenn zufällig der letzte Revierbereichs-Konflikt schon vorher gelöst wurde, wird es auch schon vorher besser.

Das heißt: jeder rechnet sich seine „Erfolge“ aus. Deshalb gab es auch bei der früheren „Musiktherapie“ immer oder meist nur langfristige Erfolge – in zwei bis drei Monaten. Das soll unseren guten Willen bei unseren früheren Therapiebemühungen nicht abwerten. Aber wir wußten ja nichts.

Jetzt haben wir, durch die Entdeckung der musica biologicamente sensata auf dem Boden der Germanischen Neuen Medizin® von Giovanna Conti bzw. durch die Archaischen Melodien®, eine Möglichkeit zur Therapie in unserer Hand, von der wir noch nicht genau wissen, wie gut und sicher und wie erfolgreich sie wirken kann, aber wir haben erstmals in der Medizin- und Musikgeschichte eine naturwissenschaftlich präzise Methode – ohne eine Hypothese. Das ist aufregend neu!

Das Prinzip:

Wenn jedes bestimmte Sinnvolle Biologische Sonderprogramm® quasi identisch ist mit einer bestimmten Archaischen Melodie®, dann sind die Einzelteile – einerseits aus der Germanischen Heilkunde und andererseits aus den Archaischen Melodien® der Musik – mehr oder weniger „austauschbar“.
Vorausgesetzt, wir finden zu unseren SBSen jeweils die zugehörige Archaische Melodie®, was mit unseren leistungsstarken Computern in Zukunft nicht schwerfallen dürfte.

Dann hatte ich mir früher (ich muß es gestehen) vorgestellt, wir könnten dem noch in ca-Phase befindlichen Patienten die pcl-Phase der Archaischen Melodie vorspielen und ihn damit in die pcl-Phase bringen. In sehr vielen Fällen kann das wohl auch so sein.

Arbeitshypothese:

ca-Phase des SBS

Lösungsphase der zugehörigen Archaischen Melodie

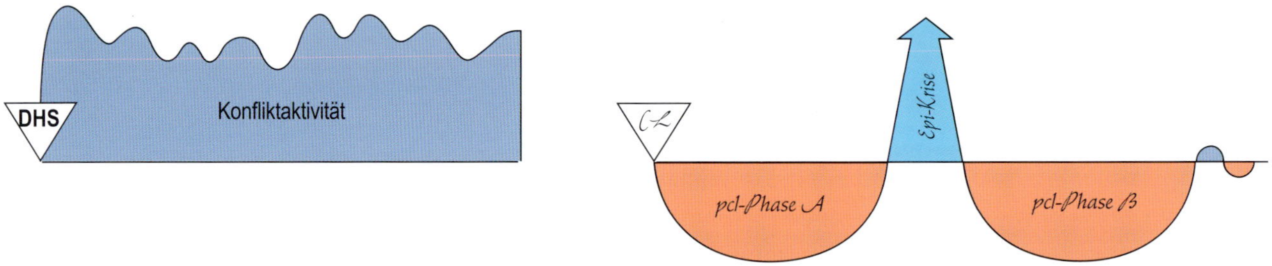

Zusammenfügung:

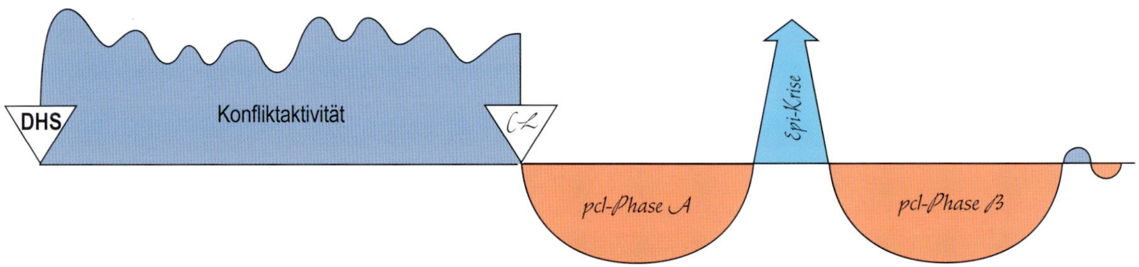

Gelöstes SBS

Nun kommt aber eine ganz große Schwierigkeit:
Wir wissen ja, daß der Biologische Sinn der Biologischen Sonderprogramme – außer in der „Luxusgruppe" (Großhirnmarklager) – immer in der ca-Phase gelegen ist.

Wenn das SBS also noch in ca-Phase ist, dann ist es oft der Fall, daß das Problem noch gar nicht lösbar ist, weil der Organismus noch den **Biologischen Sinn** braucht, um mit dem zugrundeliegenden Problem fertigzuwerden. Dann müßten wir unserem Patienten eher die ca-Phase der Archaischen Melodie® vorspielen.

Ich gebe zu, daß ich dafür noch kein „Allheilmittel" weiß. Sicher wird uns unsere zunehmende Erfahrung lehren, was wir in einem Fall machen können und was im anderen Fall.

Die dritte Möglichkeit wäre, daß wir dem Patienten die möglichst für sein SBS passende Melodie im Ganzen vorspielen und er sich intuitiv heraussuchen kann, was er in seinem Fall gebrauchen kann. Das gilt sowohl für die mögliche Lösung seines zweiten Konfliktes aus der Konstellation, als auch während der Konstellation für die Gesetze der Waage.

Die Gesetze der Waage in der Musiktherapie

Auf einen Gesichtspunkt muß noch hingewiesen werden, wenn wir von Musiktherapie sprechen, der mengenmäßig vielleicht am häufigsten vorkommt: Ein Musikdirigent schrieb mir dazu: „Aus meiner eigenen Erfahrung kenne ich die Wirkung von Musik auf mich. Wenn es mir in jungen Jahren stimmungsmäßig nicht gut ging (depressive Verstimmung bzw. Konstellation der Revierbereiche) setzte ich mich ans Klavier und improvisierte über eine bestimmte Melodie oder phantasierte entsprechend meiner Stimmungslage. Anfangs waren meine musikalischen Phantasien mit sehr vielen Mollakkorden durchsetzt. Nach einiger Zeit schimmerten immer mehr Durakkorde durch, um am Ende mit klaren leuchtenden Durakkorden zu enden. Danach fühlte ich mich zufrieden, ausgeglichen und leicht wie ein Vogel. Dieser Zustand danach war herrlich. Ich empfand dieses freie Spiel ohne Noten, einfach der Phantasie folgend, für mich als eine seelische Befreiung. Ich denke, diese Erfahrung teile ich mit vielen Musikern. Gemäß der Germanischen Heilkunde habe ich durch die Musik die Waagschale zur Manie hin verändert."

Dieser Musikdirigent (RH) war zumeist depressiv. Das konnte er nur sein in Konstellation. Wenn er also auf dem Klavier improvisierte, dann konnte er entweder auf dem 1. SBS (rechts-cerebral) „spielen", dann wurde er noch depressiver – oder er konnte auf dem 2. SBS (links-cerebral) „spielen" und die Waage links nach unten drücken. Dann fühlte er sich „gut drauf".
Das war unsere frühere Musiktherapie. Die war keineswegs schlecht, sondern sehr wirksam. Sie hielt zwar oft oder meistens nicht lange vor, aber man konnte sie ja beliebig oft wiederholen. Mindestens wußte man einen Ausweg aus der Depression. Früher gab es nur wenige Menschen, die konstelliert waren, heute sind quasi alle konstelliert. Entsprechend verwendeten wir früher die Konzertmusik zur Erbauung. Heute sind die „Konzerte" zum großen Teil Beat-Konzerte mit ohrenbetäubendem Krach, die manisch machen, nach denen besonders die Depressiven wieder „gut drauf" sind. Im weitesten und makabren Sinne ist das auch „Musiktherapie". Von den Kombinationen mit Drogen und den Auswüchsen der Super-Manie wollen wir hier gar nicht reden.

Als nicht musikalisches Beispiel für die Therapie mit Hilfe der Waage: **Ein Ausweg aus der Depression** (Eine wahre Geschichte).

Eine etwa 45jährige RH Patientin kam verzweifelt zu mir mit einer schweren Depression, unter der sie mehr oder weniger konstant seit 25 Jahren litt. D. h. sie hat ihren schweren zweiten Konflikt der Konstellation höchstens mal für Tage oder sehr kurze Zeit gelöst, dann stolperte sie wieder auf die Schiene und stürzte in die nächste, akute, schwere Psychose, und das, wie gesagt, seit 25 Jahren. Des Öfteren war sie schon in psychiatrischen Kliniken stationär gewesen, ohne den geringsten Erfolg. Ich fand heraus, daß der zweite Konflikt (rechts cerebral) so schwer war, daß er auf längere Dauer nicht zu lösen war. Der erste (sexuelle) Konflikt bestand darin, daß sie mit fünf Jahren mit ihrem Vater an einem Sonntag in dem Gasthaus ihrer Großeltern (Eltern des Vaters) zum Essen war. Dabei passierte es, daß der Vater aus Übermut einer jungen Kellnerin unter den Rock griff. Aber bei ihr war er an die Verkehrte geraten.
Sie drehte sich blitzschnell um und schlug ihm eine schallende Ohrfeige mit dem entsprechenden Kommentar.
Das Mädchen war geschockt, verstand, worum es ging und erlitt einen sexuellen (ersten) Konflikt (links cerebral).
Ich riet ihr etwas, was jeder, der die GERMANISCHE nicht kennt, vielleicht für verrückt halten könnte, nämlich zwei mal wöchentlich in ein Gasthaus zu gehen und sich dort einer Skatrunde anzuschließen als Kartenausteilerin.
Dann würde sie vielleicht auf die Schiene des ersten Konfliktes kommen (Wirtshaus-Atmosphäre) und den Waagebalken mindestens für einige Tage nach links herunter drücken können. Und genau so passierte es. Seither ist die Patientin für jeweils drei bis vier Tage „gut drauf." Es ist schon Jahre her und die Patientin ist immer kurzfristig „gut drauf", nämlich von einem Skatabend bis zum nächsten. Natürlich ist es keine ursächliche Therapie, aber sie ist ja beliebig oft wiederholbar und es geht ihr gut. Sie geht jede Woche zwei mal zu ihre Skatrunde, wo sie inzwischen „unentbeherlich" ist.

Liebe Leser, uns steht ein aufregendes therapeutisches Zeitalter bevor, seit wir nun zum ersten Mal wissentlich („wissenschaftlich") dem Patienten bei der Bewältigung seiner psychischen, cerebralen und organischen Probleme mit der Germanischen Heilkunde und den Archaischen Melodien® helfen können.

Wir wissen ja von den Juden in Israel und weltweit, daß sie seit 30 Jahren Krebs zu 99 % überleben, und zwar mit der Germanischen pur. Sie haben keine Panik mehr. Warum auch? Schnupfen überlebt man auch zu mehr als 99 %. Deshalb hat niemand Panik bei Schnupfen.

Wenn wir also z. B. bei Krebs, also SBS, solange keine vitalen Komplikationen bestehen, mit Archaischen Melodien® helfen, den Patienten zu beruhigen, daß er solche SBSe zu 99% überlebt, ist die Musiktherapie in der Hand eines erfahrenen Heilkundigen die wunderbarste Sache. Da stört auch nicht, daß wir ja noch nicht genau wissen, wie wir die Musiktherapie im einzelnen handhaben müssen. Die Erfahrung bekommen wir schon nach und nach.
Es ist einfach so beglückend, Patienten mit Musiktherapie und den Archaischen Melodien® zu helfen, bzw. sie panikfrei zu machen, und ihnen gleichzeitig die ganze Schönheit der Kompositionen, sprich Archaischen Melodien®, der alten Meister vermitteln zu können.

Das Wesen der Musik

Bei aller Freude, daß wir nun die Musik unserer großen Komponisten viel besser verstehen können, weil sie alle ihre persönlichen Sinnvollen Biologischen Sonderprogramme® (der Germanischen Heilkunde) niedergeschrieben haben, dürfen wir nicht vergessen, daß die klassische Musik samt den Volksliedern ja nur ein (bedeutender) Teil der gesamten Musik ist.

Die Griechen hatten das vielleicht schon gut verstanden, wenn z. B. die göttliche Muse des Gottes Apollon „Terpsichore" die Göttin des Tanzes war. Wir können nicht davon ausgehen, daß alle oder die meisten Tänze in der Zweiphasigkeit geschrieben und getanzt wurden. Es gab auch die großen Chöre, die bei den Dramen und Tragödien der Griechen gesungen wurden und die Hymnen. Auch die waren vielleicht nicht zweiphasig, weil es dabei ja nicht um persönliche Sinnvolle Biologische Sonderprogramme® der Chor-Komponisten ging.

Argos galt (siehe Herodot) als die Hochburg der Musik. Leider kennen wir von keinem einzigen Musikstück, Chor, Hymnos, ja nicht einmal von den unendlich vielen Liedern die es damals gab, die Tonfolge oder eine Melodie. Vielleicht gibt es aber noch irgendwelche verschlüsselten Überlieferungen, die wir wie die Hieroglyphen entschlüsseln könnten.

Während also die Muse „Terpsichore" die Göttin des kultischen Tanzes war, ist der heutige sog. „Gesellschaftstanz" (Walzer, Fox, Tango etc.) auch eine Art der Musik, die vermutlich nur zufällig mal in der Zweiphasigkeit geschrieben ist, wenn der Komponist des Tanzes ein persönliches SBS damit verwoben hatte. Dagegen ist die normalerweise als „leichtere Musik" verstandene Opernmusik, Operettenmusik oder Filmmusik jeweils schwer einzuordnen. Aber auch hier haben wir oft das gleiche Problem wie bei den Volksliedern. Einer schreibt den Opern- oder Operettentext oder Filmtext, und der Musiker „vertont" das dann – siehe Heideröslein von J. W. v. Goethe.
Wie gut, daß wir mit „Mein Studentenmädchen" einen astreinen Prototyp haben, der aus musikalischer und heilkundlicher Sicht alle Kriterien erfüllt.

Vielleicht finden wir ein Musikstück oder Volkslied nur wirklich schön, wenn es eine Lösungsphase (= pcl-Phase) hat. Das führt uns zwangsläufig zur Frage der Harmonie, die ja ein wesentlicher Bestandteil der Musik ist, ich meine hier wieder die Zweiphasigkeits-Harmonie einer Komposition.

Vielleicht werden wir irgendwann feststellen, daß das Wesen der Musik großteils in der Lösung der Spannung, d. h. in dem Nacheinander von Streß- und Lösungsphase liegt, wie es bei einem normalen Sinnvollen Biologischen Sonderprogramm® der Fall ist. Und das ist ja eigentlich das Urwesen des Volkslieds, wie wir es in der reinsten Prototyp-Form finden in „Mein Studentenmädchen".

Eine junge Dame sagte mir kürzlich: „Es ist so innig und so harmonisch, ich könnte es den ganzen Tag singen." So muß es ja auch sein bei einem Prototyp. Aber ich glaube, daß es in Zukunft auch auf sehr vielen Silberhochzeiten oder Goldenen Hochzeiten („Ich liebe ein Mädchen seit 50 Jahrn") gesungen werden wird.

Als beim Karlsruher Konzert das ganze Auditorium stehend „Mein Studentenmädchen" ein zweites Mal sang, da liefen besonders den älteren Zuhörern dicke Tränen über die Backen. Liegt vielleicht das Wesen der Musik darin, daß die Musik unser Innerstes so berührt, wie es ein Sinnvolles Biologisches Sonderprogramm® unserer großen Komponisten tun kann ... und natürlich ein inniges Volkslied noch viel mehr?

Schlußwort

Die begnadete junge Pianistin Giovanna Conti aus Parma hat 2006 die bahnbrechende Entdeckung gemacht, daß die alten Meister der Kompositionen fast immer das Schema der Zweiphasigkeit (= 2. Biologische Naturgesetz) verwendet haben, was ich inzwischen Archaische Melodien® (= SBS) genannt habe.

Sie hat ein Buch darüber geschrieben: „Per una Musica biologicamente sensata nell'ottica della Nuova Medicina Germanica“ (2008, Amici di Dirk® – Ediciones de la Nueva Medicina). Wir haben leider bisher nur wenige Exemplare verkauft (italienisch und englisch), obwohl wir es unter den Erstellungskosten verkaufen. Nun, vielleicht kann ein Laie es nicht verstehen ... aber was ist mit den Musikwissenschaftlern, die das Thema doch brennend interessieren müßte, dürfen die es nicht verstehen (weil alle der gleichen Religionsgemeinschaft angehören)?

Das ist schade, denn das Buch hat, soweit ich das beurteilen kann, höchstes Niveau.
Deshalb habe ich mich hingesetzt und versucht, ein allgemein verständliches Buch über diesen Inhalt zu schreiben, wobei ich mir natürlich nicht anmaße, für den musikalischen Teil Fachmann sein zu wollen.
Ich bin durchaus gewöhnt, in meinem Fach (Germanische Heilkunde) wissenschaftlich zu schreiben. Aber bei der vorliegenden Materie ist das nur bedingt möglich. Über die Archaischen Melodien® muß man mit Herzblut schreiben, besonders, wenn ich mit „Meinem Studentenmädchen“ so tief involviert bin. Ich bitte dafür den Leser um Entschuldigung. Denn bis zum Studentenmädchen war alles, wie gesagt, noch mehr oder weniger Theorie. Mit „Mein Studentenmädchen“ haben wir erstmals ein komplettes SBS samt Archaischer Melodie®, Konflikt-Text und SBS (Bronchial-Ulcera) sowie Hirn-CT gehabt. Das war der Beweis und gleichzeitig der Durchbruch.

Aber da die Germanische Heilkunde inzwischen bei Freund und Feind als **„die größte Entdeckung der Menschheitgeschichte“** gilt, und diese sich nunmehr mit ihren SBSen auf die Archaischen Melodien® ausgedehnt hat, ist es für viele Leser sicher interessant, die „Schnittstelle“ plastisch nachvollziehen zu können. Und dafür ist es, wie ich glaube, ein glücklicher Zufall, daß es „Mein Studentenmädchen“ gibt.

Wir haben uns ja auch in anderen Wissenschaftszweigen daran gewöhnt, daß wir übergreifend denken lernen müssen, also hier heilkundlich und musikalisch. Das ist einerseits etwas erschwerend, andererseits aufregendes Neuland.

Und was die (durchaus wissenschaftlichen) Arbeitshypothesen bei der Zuordnung der biographischen Daten zu den Archaischen Melodien® angeht, so ist noch kein Meister vom Himmel gefallen. Wir müssen uns die Musik, genau wie die Germanische Heilkunde, von Anfang an mühsam erarbeiten.

Und zum Schluß: In der Germanischen Heilkunde gibt es kein „gutartig" und „bösartig", nur biologisch Sinnvolles. Dies ist bei den Archaischen Melodien® auch so. Die germanische Freiheit des Natürlichen ist die Grundlage der Germanischen Heilkunde und damit auch der Archaischen Melodien®. Auch in dieser Hinsicht werdet Ihr Euch an einen Paradigmenwechsel gewöhnen müssen. Die alten unhistorischen „Offenbarungs-Religionen" (Judentum, Christentum, Islam) sind für die Germanische Heilkunde genausowenig mehr zu verwenden als für die Archaischen Melodien® der Musik.

Auch das ist zunächst etwas schwierig zu verstehen. Aber da ja die Archaischen Melodien® nunmehr in Zukunft genauso „wissenschaftlich" sein werden wie die Germanische Heilkunde, können wir mit dem irrationalen Glaubenswirrwarr nichts mehr anfangen. Das hat nichts damit zu tun, daß unsere Patienten / Komponisten ja noch in diesen Offenbarungs-Religionen/ -Konfessionen befangen waren.

Die Germanische Gottes- oder Weltanschauung hatte nie Dogmen und brauchte auch niemals welche. Man muß glücklicherweise gar nichts glauben. Das gilt für die Germanische Heilkunde genauso wie für die Archaischen Melodien®. Aber wir können jetzt unsere Komponisten ganz persönlich verstehen in ihren kleinen und großen Nöten, in ihren oftmals verschrobenen Persönlichkeiten, oftmals auch von den Mitmenschen nicht gebührend geachtet und viele bettelarm, weil sie der sog. „brotlosen Kunst" nachgingen.

Aber sie waren zumeist Idealisten, die der Menschheit etwas schenken wollten, auch wenn diese sie in Undankbarkeit ins Armengewölbe (Mozart) oder ins Armengrab (Bach) entsorgt hat.

Die geliebte Musik wird in Zukunft nicht weniger liebenswert, aber die Komponisten werden uns dadurch, daß wir ihre Archaischen Melodien® als Ausdruck ihrer persönlichen Sinnvollen Biologischen Sonderprogramme® verstehen lernen, ganz menschlich und ganz nah.

Ganz aufregend finde ich, daß man in Zukunft nicht nur mit der Germanischen die Archaischen Melodien® der Musik unserer großen Meister viel besser verstehen kann, sondern auch mit den Archaischen Melodien® die Germanische Heilkunde. Sie sind, wie gesagt, ein zusammengehörendes Paar Schuhe.

Die Zuhörer, jetzt auch Zuschauer, werden die Zweiphasigkeitskurve der jeweiligen Kompositionen samt Partitur auf einem langen Lichtband über dem Orchester mitverfolgen und lernen, die Musik zu verstehen. Dabei werden sie auch sehr bald lernen, eine Partitur zu lesen. Am Ende wächst ihnen ein Komponist, ein Mensch wie du und ich, mit all seinen durchgemachten Konflikten richtig ans Herz. Das wird die neue Art des Musikverständnisses.

Kommentar eines Musikers

Schwarzwald, den 19. 12. 2011

Lieber Geerd,

in der uns Menschen eigenen Überheblichkeit sprechen wir gerne von dem dunklen Mittelalter, in dem den Menschen, die des Lesens nicht mächtig waren, Märchen als Tatsachen aufgetischt wurden. Ich bin der Überzeugung, unsere aktuelle Zeit mit der vermeintlichen Aufgeklärtheit liegt – bedingt durch die zahllosen Märchen, die uns täglich aufgetischt werden – in einer, im Vergleich zum Mittelalter noch viel dunkleren Ära.

Mit der Germanischen Heilkunde strahlt ein Licht in diese dunkle Ära, das uns zeigt, wie genial die Natur ist und wie gerne sie uns hilft, wenn wir es nur zulassen. Erste Voraussetzung dafür ist aber der Wille, die Verantwortung für seinen Körper selbst zu behalten. Dann können wir gerne auf Chemo, Stahl und Strahl verzichten.

Dank der von Dr. Giovanna Conti entdeckten Zweiphasigkeit in der Musik war es jetzt möglich, neben dem Licht, das Du uns mit der Germanischen Heilkunde geschenkt hast, nun ein zweites Lichtlein anzuzünden, welches zu unser aller Überraschung sinnvoll und logisch bei kräftiger Nahrung zu einem weiteren Licht der wissenschaftlichen Erkenntnis werden kann – die archaische Musik zur Unterstützung des Heilungsprozesses.

Musik hat eine ungeheure Kraft.
Das war schon vor den Pharaonen in Ägypten bekannt. Nicht ohne Grund wurden bei den Schlachten Trommeln und Bläser eingesetzt, um die Moral der eigenen Soldanten zu stärken und die der Gegner zu schwächen. Heute wird in Guantanamo „Musik" in der Lautstärke von Presslufthammergetöse bei bis zu 72 h Dauerbeschallung eingesetzt, um den Widerstand von Gefangenen zu brechen (TV Phönix 11.12.11, 23.15-00.00).

Die Schamanen in Afrika verwendeten und verwenden noch heute Trommeln als archaische Instrumente, um damit Menschen von den „bösen Geistern" zu befreien, also zu heilen. Im asiatischen Lebensraum wird der archaische

Urlaut Om zur Findung des inneren Gleichgewichts und der Ruhe eingesetzt. Im westlichen Lebensraum versucht man über die Musiktherapie Menschen zu heilen.
Alle diese Versuche sind nicht von Dauer, sind fast wie Placebos, die eine Heilung vorgaukeln, aber nicht wirklich helfen.

Aus meiner eigenen Erfahrung[1] kenne ich die Wirkung von Musik auf mich. Wenn es mir in jungen Jahren stimmungsmäßig nicht gut ging (depressive Verstimmung, bzw. Konstellation der Revierbereiche) setzte ich mich ans Klavier und improvisierte über eine bestimmte Melodie oder phantasierte entsprechend meiner Stimmungslage.

Anfangs waren meine musikalischen Phantasien mit sehr vielen Mollakkorden durchsetzt. Nach einiger Zeit schimmerten immer mehr Durakkorde durch, um am Ende mit klaren leuchtenden Durakkorden zu enden. Danach fühlte ich mich zufrieden, ausgeglichen und leicht wie ein Vogel. Dieser Zustand danach war herrlich. Ich empfand dieses freie Spiel ohne Noten, einfach der Phantasie folgend, für mich als eine seelische Befreiung. Ich denke, diese Erfahrung teile ich mit vielen Musikern. Gemäß der Germanischen Heilkunde habe ich durch die Musik die Waagschale zur Manie hin verändert.

Lieber Geerd, Du hast uns mit der kosmischen Weltformel (die Gegner werden nun süffisant sagen, jetzt hat er neben den komischen Hamerschen Herden auch noch eine komische Formel dazubekommen) einen Schlüssel gegeben, mit dem wir das Tor zu einer neuen Wissenschaft öffnen können, einer wirklichen Musiktherapie auf der Basis von archaischen Melodien. Deine Erkenntnisse können uns in eine neue Dimension des Heilens führen. Alle unhaltbaren Anschuldigungen konfrontiert und eingeklagt. Trotz all der Widrigkeiten lässt Du Dich nicht unterkriegen. Du stehst mit der Germanischen Heilkunde und Deiner visionären Sichtweise moralisch fest wie ein Fels in der Brandung Deiner Gegner. Dafür bewundern und unterstützen wir Dich.
Wünschen wir der archaischen Musiktherapie den Durchbruch in eine neue Dimension des Heilens, eine positive wissenschaftliche Entwicklung, die uns neue Erkenntnisse und Einsichten bringt.

„Viva la Medicina Sagrada y la Melodía Arcaica.“

In herzlicher Verbundenheit

Anton

---

1 Siehe Seite 157

Literaturhinweis

Germanische Heilkunde - Kurzinformation
Dr. med. Mag. theol. Ryke Geerd Hamer
3. Auflage 2011 (96 Seiten, 7 €)
ISBN: 978-84-96127-53-1
Eine Broschüre, die kurz und prägnant die wichtigsten Grundlagen, d. h. die 5 Biologischen Naturgesetze der Germanischen Neuen Medizin® erklärt und somit einen Überblick über die grandiose Entdeckung Dr. Ryke Geerd Hamers verschafft, die so vielen Patienten das Leben rettet!
Das sog. „Mini“ bietet eine gute Möglichkeit, sich einen ersten Überblick über die Inhalte der Germanischen Heilkunde zu verschaffen. Aus erster Hand, also vom Entdecker selbst, bekommt der Leser auf nur 96 Seiten eine außerordentliche Fülle von Informationen. Viele Grafiken, Fotos und CT-Aufnahmen erleichtern das Verständnis.
Wer wissen will, warum Dr. Hamer seit 30 Jahren zum „Staatsfeind Nr. 1“ gemacht wird, erfährt durch die Lektüre dieses Büchleins schon mehr darüber, als Fernsehen und Presse jemals offenbart haben.

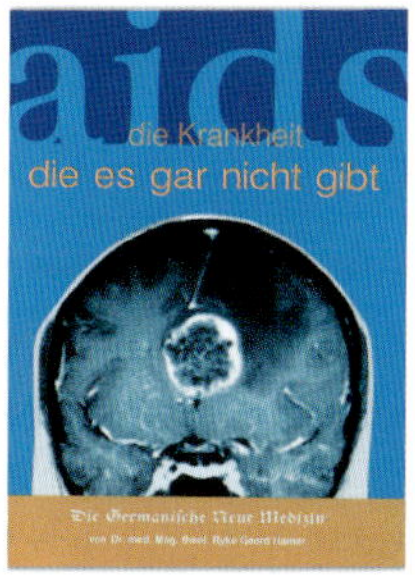

AIDS, die Krankheit, die es gar nicht gibt (2. Auflage)
Dr. med. Mag. theol. Ryke Geerd Hamer
2. Auflage Februar 2010 (355 Seiten, 20 €)
ISBN: 978-84-96127-44-9

Es gibt drei große Lügen in der Medizin, die noch größer sind, schlimmer sind, als die übrigen 5000 Hypothesen der sog. Schulmedizin: Krebs- und Chemo-Lüge, HIV / Aids-Lüge (Smegma-Allergie) und Schweinegrippe-Lüge (Chip-Implantation). Bei allen drei Lügen läuft die Propaganda immer auf Hochtouren. Nur die „Auserwählten“ bleiben von diesen Lügen und Betrugsmanövern (Massenmord) verschont.
Das Buch ist eine Bombe. Sie zersprengt eines der schlimmsten Massenmordkartelle der Welt. 1000 Aids-Professoren und -Selbsthilfegruppen haben sich auf die ihnen kostenlos zugeschickten Bücher nicht gerührt, auch keiner der Aidskritiker hat Kritik geäußert. Dabei würde die „Prüfung“ doch nur eine Stunde dauern.
Folglich: Die Smegma-Allergie (= Aids) stimmt! Aids ist ein Betrug!

„Brustkrebs“ – Der häufigste sog. Krebs bei Frauen
Dr. med. Mag. theol. Ryke Geerd Hamer
1. Auflage August 2010 (632 Seiten, 75 €)
ISBN: 978-84-96127-47-0

Dr. Hamer ist damit eine geniale Synopse zwischen unserer gesellschaftlichen Realität, der Germanischen Heilkunde und einem naturgemäßen Menschenbild gelungen.
Es ist ein Lehrbuch, wie es Mutter Natur schreibt.
Selbst für Kenner der Germanischen wird es im theoretischen Teil eine Menge Neues zu entdecken geben.
Im zweiten Teil wird's dann spannender als in jedem Krimi, wenn Dr. Hamer in seiner unverwechselbaren Vortragsart einen Fall nach dem anderen aufrollt und transparent werden läßt.

Seine feinfühlende und von tiefer Achtung vor den Patientinnen und vor Mutter Natur getragene Art, führt den Leser in eine neue (oder vielleicht schon sehr alte und nur wiederentdeckte) Lebensschule. Manche Fälle haben mich bis ins Mark erschüttert. Andere erinnerten mich an eigene Erlebnisse, und das Glück jeder Patientin, die die Lösung ihres Konfliktes gefunden hat und ihren Heilungsweg beginnen konnte, hat mich mit Freude erfüllt.
Leider bleiben Gefühle wie Ohnmacht und Wut auch nicht außen vor, wenn man sehen muß, wie die armen Menschen, die den Weg zur GNM zu spät fanden und nicht mehr die Kraft zur Umkehr hatten, von den Schulärzten in den Tod getrieben wurden. Ihnen hat Dr. Hamer mit der Darstellung ihres Falles ein ehrenvolles Denkmal gesetzt.
Dieses Brustbuch zeigt ein Stück gelebtes Leben. Atemberaubender und spannender kann kein Roman sein.
Schließlich kamen über 600 Seiten zusammen.
Damit entbrannte die Frage: Wird so ein dickes Buch Käufer finden?
Also ich fand, als ich auf der letzten Seite angekommen war: „Schade, ein paar Fälle hätte ich gerne noch gelesen."

Einer gegen alle – Die Erkenntnisunterdrückung der Germanischen Heilkunde
Dr. med. Mag. theol. Ryke Geerd Hamer

Neuauflage (2. Auflage) erscheint in Kürze!

Dr. Hamers Sohn wurde in der Blüte des Lebens ermordet, seine Familie zerstört und seine Existenz vernichtet. Er hat die größte Entdeckung der Weltgeschichte gemacht, nämlich die Ursachen aller sog. Krankheiten erkannt und wie sie geheilt werden. Seine Erkenntnisse werden totgeschwiegen, Journalisten aller Couleur rufmorden ihn im gleichen Takt, zweimal saß er im Gefängnis, weil er nicht bereit war „abzuschwören".
Nein, dies ist kein mittelalterlicher Inquisitionsroman. Die Geschichte des großen deutschen Entdeckers Dr. Ryke Geerd Hamer spielt sich heute, vor unseren Augen ab.
Dieses Buch zeigt uns die Realität, die von allen Medien verschwiegen wird.
Mit der von Dr. Hamer entdeckten Germanischen Neuen Medizin® sind prinzipiell alle sog. Krankheiten heilbar.
Die meisten Ärzte wissen das. Trotzdem werden in deutschen Krankenhäusern täglich mindestens 3000 „Krebspatienten" aus religiösem Wahn mit Chemogift und Morphium zu Tode „therapiert", die mit der GERMANISCHEN ohne Nebenwirkungen und ohne Angst und Panik völlig gesund werden könnten. Aber genau das darf nicht sein. Warum wohl?
Dr. Hamers autobiografischer Bericht zeigt die Hintergründe dieser Medizin-Mafia auf, die er selbst zunächst nicht für möglich gehalten hatte und doch im Laufe der Jahre immer klarer erkennen mußte.
Dieses Buch legt Zeugnis ab von einem unerschütterlichen Deutschen, dem seine Visionen und Ideale teuerstes Gut und die Liebe zur Wahrheit und zu seinem Volk die höchsten Werte sind.

Krebs und alle sog. Krankheiten – Kurze Einführung in die Germanische Neue Medizin®
Dr. med. Mag. theol. Ryke Geerd Hamer
3. Auflage 2004 (315 Seiten, 23 €)
ISBN: 84-96127-14-1

Alle Teile der Sinnvollen Biologischen Sonderprogramme der Natur®, die wir früher unwissend „Krankheiten" genannt hatten, entstehen durch einen Konfliktschock und können durch Konfliktlösung auch wieder geheilt werden.
Dr. Hamer erzählt in seiner genialen und ehrlichen Art, wie er die Eiserne Regel® des Krebs entdeckt hat, wie Mutter Natur ihm schließlich die weiteren 4 Biologischen Naturgesetze offenbart hat und wie seine wissenschaftlichen Erkenntnisse mit den persönlichen Tragödien seines Lebens zusammenhängen, die durch verbrecherische Politiker, Ärzte und Richter eines perfiden Systems bis zu seiner völligen Existenzvernichtung erzeugt worden sind.
Die frohe Botschaft dieses Buches ist, daß niemand mehr wegen einer vermeintlich schlimmen Diagnose in Angst und

Panik zu fallen braucht, denn alle sog. Krankheiten sind ja prinzipiell heilbar. Da wir durch die Germanische Neue Medizin verstehen können, was, warum und wie in unserem Körper abläuft, können wir uns auf den Verlauf einer Heilung einstellen, wie auf eine schwere Arbeit, die wir uns vorgenommen haben.
Die schlimme Botschaft ist leider, daß man uns von höchster Stelle aus diese zutiefst menschliche, die Spanier sagen: La Medicina Sagrada® = die Heilige Medizin®, verweigert, während sie dem Exklusivgebrauch einer bestimmten Religionsgemeinschaft vorbehalten bleiben soll.
Dr. Hamer, der stets ein Vorbild für unser ganzes deutsches Volk und ein unbestechlicher Tribun seiner Patienten ist, ruft uns mit diesem Buch zur Verantwortung auf.

Vermächtnis der Germanischen Heilkunde
Dr. med. Mag. theol. Ryke Geerd Hamer

Neuauflage (8. Auflage) erscheint in Kürze!

Dieses Grundlagenwerk der Germanischen Heilkunde erscheint jetzt neu in 6 Bänden. Seit der letzten Ausgabe vor über 20 Jahren ist nicht nur wissenschaftlich unendlich viel an neuen Entdeckungen hinzugekommen, sondern auch mußte die frühere Ausgabe ganz gründlich revidiert werden.

Eine weitere Schwierigkeit bestand darin, daß diese Germanische Heilkunde ja notgedrungen in der Lage sein muß, von jedem Patienten verstanden zu werden (das war immer der Anspruch meiner Bücher!). Gleichzeitig muß aber alles – mit verständlichen Worten, versteht sich – auch höchsten wissenschaftlichen Ansprüchen genügen.

In der bisherigen Schuldmedizin war das nicht möglich, weil sie ein amorpher Brei mit unendlich vielen Hypothesen ist (Prof. Niemitz). Die Germanische Heilkunde hat hingegen keine einzige Hypothese. Aber in der Schuldmedizin sind die 5000 Hypothesen ja nicht 5000 Irrtümer, sondern bewußte Lügen – für „Nichtgläubige“. Denn alle Juden auf der Welt werden nach der Germanischen Heilkunde pur behandelt und überleben Krebs zu 99% – im Gegensatz zu den Nichtjuden, die mit Chemo und Morphium quasi vorsätzlich umgebracht werden. Täglich sterben 2000 bis 3000 Menschen allein in Deutschland an Krebs.

Meine Freunde, bei allem Jubel über die göttliche Germanische Heilkunde („das größte Göttergeschenk der Menschheitsgeschichte“) kann man nicht dabeisitzen und schweigen, während unsere Angehörigen, Freunde und Nachbarn weiter sterben.
Millionen Chemo-Toten in unserem Land muß endlich mal Fraktur geredet werden. Es ist eine Volksschande, eine Schande aller Völker.
Entschuldigt, liebe Leser, daß ich diesen traurigen Hinweis auf das größte Verbrechen der Menschheitsgeschichte einfach sagen muß.

Ein kluger alter Mensch hat gesagt:
Geerd,
Du bist der einzige, der es sagen kann,
und Du bist der einzige, der es sagen darf,
aber Du bist auch der einzige, der es sagen muß!

Das soll Euch aber die Freude an der wundervollen Germanischen Heilkunde nicht nehmen. Inzwischen nennen Freund und Feind sie die größte Entdeckung der Menschheitsgeschichte – zu Recht!

Ich habe früher niemals für möglich gehalten, daß Allvater Gott mich für würdig halten würde, diese größte Entdeckung der Menschheitsgeschichte machen zu dürfen, gegen solch eine riesige Armee von Feinden im religiösen Wahn und dieses größte Göttergeschenk erfolgreich verteidigen und in Eure Hände legen zu dürfen.

Euer Ryke Geerd

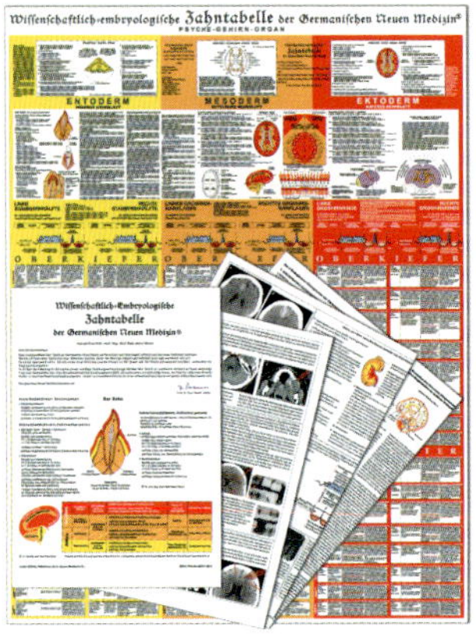

Wissenschaftlich-embryologische Zahntabelle der Germanischen Neuen Medizin®
Dr. med. Mag. theol. Ryke Geerd Hamer
1. Auflage 2009, 45 €
ISBN: 978-84-96127-36-4;
Diese wissenschaftliche Zahn-Tabelle der Germanischen Neuen Medizin® will "keine Eulen nach Athen tragen", will Ihnen also kein neues Fachwissen beibringen.
Vielmehr will Ihnen diese Tabelle eine neue Sichtweise vermitteln, die für Sie allerdings vielleicht oder hoffentlich schon bald unschätzbar sein wird.
Sie werden dabei jedoch sehen, daß sich mit der neuen Sichtweise auch die Therapie um 180° ändern wird. Die früheren Zahnreparaturwerkstätten werden dann der Vergangenheit angehören. An die Stelle der Auffassung der Zahn-Karies als des mutwilligen Zerstörungswerkes bösartiger Mikroben tritt in Zukunft ein ursächliches Verstehen der Karies als jeweilige Folge eines Beißkonfliktes bzw. eines Sinnvollen Biologischen Sonderprogramms® (SBS). Sie werden sehen, es macht richtig Freude, den Patienten nicht mehr wie einen Kunden in einer Auto-Reparaturwerkstatt zu begrüßen, sondern als menschlichen Freund, der Ihnen vertrauensvoll seine kleinen und großen Beißkonflikte beichten wird. Eine ganz neue Ära der Zahnheilkunde bricht an!

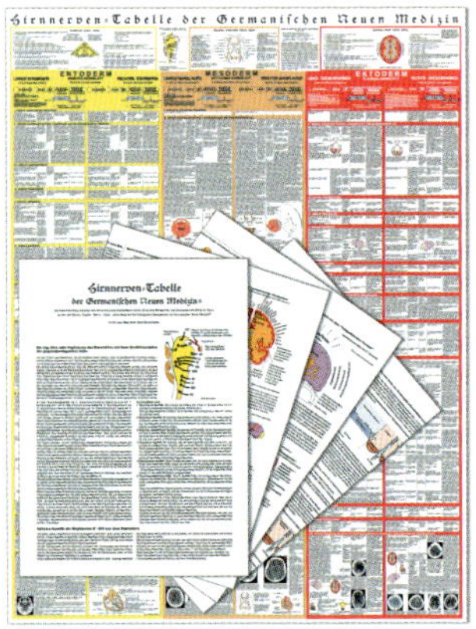

Hirnnerven-Tabelle der Germanischen Neuen Medizin®
Dr. med. Mag. theol. Ryke Geerd Hamer
2. Auflage 2009, 35 €
ISBN: 978-84-96127-39-5
bestehend aus: Tabelle faltbar (1200 x 1600 cm) + Umschlag mit Erläuterung

Die sog. 12 Hirnnerven, mit dem Plexus cardiacus sind es 13, sind die wichtigsten Nerven unseres Organismus.
Die Anzahl scheint noch nicht komplett zu sein. So wichtige Organe wie die Sammelrohre der Nieren mit dem Trigonum der Blase (Zylinder-Darmepithel), das sog. Optikus-Neurinom, sowie dem HH, der die Aderhaut-„Melanome" versorgt, die bisher noch nicht zum Fasciculus opticus gerechnet werden, oder Gebärmutterkörperschleimhaut (Decidua) etc., die bisher unter N. Vagus (x) subsummiert sind, werden sicher in Zukunft unsere frühere Einteilung der Hirnnerven noch erweitern.
Das Verständnis der 12 + 1 Hirnnerven ist für das volle Verständnis der Germanischen unbedingt notwendig, nicht für Anfänger, sondern für Profis. Spötter haben gesagt, die Hirnnerven-Tabelle habe der Dr. Hamer nur für sich selbst geschrieben, die würde ohnehin niemand anderer verstehen. Das war vielleicht am Anfang scheinbar so. Aber inzwischen hat es schon Seminare für Fortgeschrittene gegeben. Und die Seminarteilnehmer waren begeistert.
Inzwischen ist die Hirnnerven-Tabelle gegenüber der letzten Auflage auf den doppelten Umfang angewachsen – der Preis ist aber der gleiche geblieben.
Sicher, die Germanische ist im Prinzip für jeden einfachen Menschen verständlich. Das heißt aber nicht, daß es nicht auch im Detail komplizierte Dinge gibt, die aber für Fortgeschrittene vorbehalten sind. Das macht ja den Reiz der Germanischen aus, daß immer neue Details entdeckt werden. So wußte ich früher z. B. nicht, daß die beiden Lungenflügel ursprünglich verschiedene Funktion hatten: rechter Lungenflügel: Sauerstoff hereinholen, linker Lungenflügel: Kohlendioxyd hinausschaffen. Der HH für den rechten Lungenflügel ist im rechten Stammhirn gelegen (den kannten wir schon), der HH für den linken Lungenflügel spiegelbildlich auf der linken Stammhirnseite.
Das Gleiche gilt ursprünglich für die beiden Leberlappen: Der rechte (große) Leberlappen ist für die Aufnahme von Nahrung, also im Konfliktfall Verhungerungskonflikt, der linke Leberlappen ursprünglich für die Abgabe von Galle oder Abfallstoffen. Zu dem Haupt-HH auf der rechten Stammhirnseite (wie gehabt) kommt nun noch ein kleinerer linker HH spiegelbildlich auf der linken Stammhirnseite hinzu. Auch der macht Rundherde im linken Leberlappen (= Leberkrebs). Wir wissen aber seinen Konfliktinhalt einstweilen nur annäherungsweise. Es hat nichts mit den Gallengangsulcera bei Revierärger bzw. Hepatitis in pcl-Phase zu tun.
So ist alles im Fluß. Das sieht man besonders gut bei den Details in der Hirnnerventabelle.

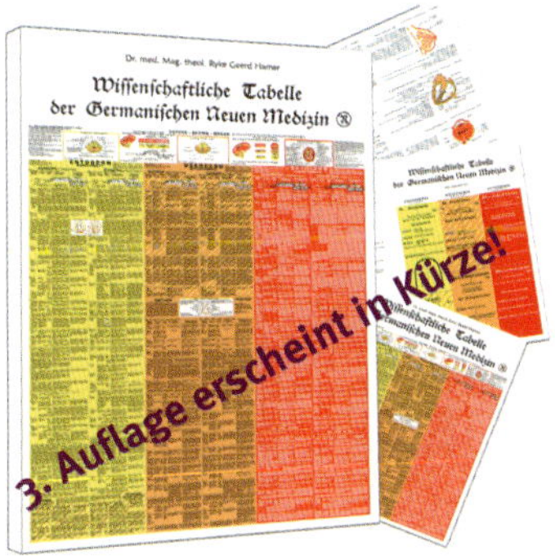

Wissenschaftliche Tabelle der Germanischen Neuen Medizin®
Dr. med. Mag. theol. Ryke Geerd Hamer
2. Auflage 2007 (mit Tabelle als Buch, Tabelle faltbar, div. Grafiken und Register), 50 €
ISBN: 978-84-96127-23-0

Die Germanische Neue Medizin®, so systematisch wie Mutter Natur sie geschaffen hat, gibt es jetzt in Tabellenform 120 cm mal 160 cm, gelb-orange-rot gerahmt für die große Übersicht und in Buchform (A4) mit den Grafiken zu den 5 Biologischen Naturgesetzen® und mit näheren Erklärungen in Kurzform, z. B.: Der Sensibilitätsverlauf, die ursprüngliche archaische Ringform und die spätere Embryonalform, kurze Erläuterung zu den 12+1 Hirnnerven, die Konstellationen der einzelnen Hirnabschnitte, die Regeln der Waage u.v.a.m. Dazu gibt es ein Register, sowie viele Organgrafiken in den Keimblattfarben.
Alles ist in eine sehr übersichtliche und ansprechende Form gebracht, die das Nachschlagen und Lernen zur reinen Freude macht.

Meine Heilung vom Krebs durch das „goldene" Buch
Wenn man die Eigenverantwortung wieder übernimmt ...
Gisela Hompesch
1. Auflage 2008 (127 Seiten, 16 €)
ISBN: 978-84-96127-32-6

Ein wunderbares Buch, geschrieben von einer angeblich unheilbar kranken Patientin, die sich nach einer Odyssee durch die Schulmedizin mit Hilfe des „Goldenen Buches" (Vermächtnis einer Neuen Medizin) selbst geheilt hat.

The biological meaning of Music from the point of view ot the Germanic New Medicine®
Giovanna Conti
Vorwort Dr. Ryke Geerd Hamer
1. Auflage 2009 (87 Seiten, 48 €)
ISBN: 978-84-96127-33-3 (the book includes 2 interviews on DVD and four bi-Phasic diagrams)

Zitat aus dem Vorwort: „Vielleicht die größte Entdeckung und Sensation der letzten Jahrhunderte in der Musik ist die Entdeckung, daß die allermeisten Klassischen Musikstücke intuitiv nach den 5 Biologischen Naturgesetzen der Germanischen Neuen Medizin® konstruiert sind.
Der Komponist hat mit jedem Satz, z. B. einer Symphonie, ein SBS aus seinem Leben mit Noten, statt mit Worten geschildert "

Der Meister und sein Mythos
Spiegelbilder zu Leben, Werk und Persönlichkeit Rudolf Steiners
Johann S. Mohr
Vorwort Dr. Ryke Geerd Hamer
348 Seiten, 20 €; ISBN: 84-96127-24-9

Diese Biographie nach den Regeln der Germanischen Neuen Medizin über die Person Rudolf Steiners, die nicht nur brilliant geschrieben ist, sondern auch auf fachkundiges Wissen eines Kenners des gesamten Antroposophie-Kontextes baut. Es ist ein erstmaliges Werk zur Person Rudolf Steiners, das so bisher noch niemand fertiggebracht hat!

Das Rätsel der Todeskrankheit Rudolf Steiners
Eine medizinisch-biographische Studie
Johann S. Mohr
177 Seiten, 10 €; ISBN: 84-96127-04-4

Eine mit dedektivischem Spürsinn durchgeführte Analyse, über die bisher ungeklärten und rätselhaften Umstände der letzten schweren Erkrankung Rudolf Steiners auf Grundlage der Germanischen Neuen Medizin. Eine Studie, die zu einer ganz neuen Sichtweise auch für den „Lebensgang" Steiners führt.

Bestellungen über folgende Adressen möglich:

Verlag: **Amici di Dirk® Ediciones de la Nueva Medicina S.L.**
Amici di Dirk® online shop: www.amici-di-dirk.com
E-Mail: info@amici-di-dirk.com
Tel.: 0034 952 59 59 10; Fax: 0034 952 49 16 97

Amici di Dirk® - Verlagsauslieferung Österreich: Helmut Pilhar
Tel.: 0 26 38-8 12 36, Fax: 0 26 38-8 12 36 20; e-Mail: helmut@pilhar.com

Amici di Dirk® - Verlagsauslieferung Deutschland-Süd: Michaela Welte
Tel.: 0 72 02-77 56; e-Mail: michaelawelte@yahoo.de

Amici di Dirk® - Verlagsauslieferung Deutschland-Nord: Marianne Knospe
Tel./ Fax: 0 40-6 31 16 40

Amici di Dirk®

Ediciones de la Nueva Medicina S.L.